Sports Word Searches and Scrambles

Word Search and

Word Scramble Puzzles

All About Football

By Emily Jacobs

How to use this book:

Each theme in this book has a word scramble puzzle and a word search puzzle. Words are vertical, horizontal, diagonal, forwards, and backwards in the word search puzzles.

The answers to the word scrambles are the list of words to be used in the word search puzzle. The list is on the next page. The list of words is the same for both puzzles. The answers to the word search puzzles are at the back of the book.

Work the puzzles for one theme at the same time, at a different time, or by a different person. Whichever puzzle type is your favorite you will enjoy being reminded or starting a conversation about one of America's favorite sports, teams, and players.

Find more entertaining books for all ages at

www.LifeChangerPress.weebly.com

Created with TheTeachersCorner.net Word Search Maker

Table of Contents

In the Game

Please unscramble the words below.
(Answers are on the next page.)

SASP   _____

NRU   _____

SKCA   _____

CKIK   _____

UNTP   _____

ATCHC   _____

OCKBL   _____

ATEKCL   _____

LEUMBF   _____

TPYLEAN   _____

SAUTRQER   _____

ALFOLDEGI   _____

DNISFORTW   _____

NWCHOTOUD   _____

PEIRINONCETT   _____

In the Game
Word List

BLOCK   CATCH

FIELD GOAL   FIRST DOWN

FUMBLE   INTERCEPTION

KICK   PASS

PENALTY   PUNT

QUARTERS   RUN

SACK   TACKLE

TOUCHDOWN

In The Game

```
            B X F
        Z E Y Z W X E E F
      U T B N O G U L I Q V O R
    E K R N R T I S M Z S S A P D T X
  M H H L O P J T P E Q H W T B A G U T
    M D O G C G Y R U K A P O C D Q L N N Z O
    L A O G D L E I F J H D T K X O P O H H W
  V Q S A C K       E R Q N T       T I C M U Y
  B Y R W N R       E X U E I       S U E K I T
X D J E W N N U Q U U P I D W Q A O U I U S Q Q E
U M C T E N O I T P E C R E T N I Z Y L O C R C U
Q G Q R J N W O D T S R I F K O K J Q H A N U U Q
S D Y L A K J G M R I A K Q J J H S V X T Z Z N Z L T
G O O M U Y X K F G D S P C G A D R V C L J S D Y Q B
X G L E Q E S M K O Q O K O K S V R H B O A S Y C T L
N U R Y   E D M C A L X Y T L A N E P T   S S Q J
H Q H T   W K T I A R M E L K C A T   C V R N
P B X Z B   U W R K S H M X H V Q   I W P M R
  W F M U N               C C N E R
  R G C U G U             A X B U L T
    E G R Z V S V X T I C F K A X H W S F M H
    J K I X V B F S Q J K B P Z C P O Z M I D
    P Z O H W Z U T O U C H D O W N C E Z
      J Q K Z K S M Q L I T V X W T R A
        U U L C Y B B W K M N Z J
          Z J Z G L B F K V
            W A E
```

Take Your Positions

Please unscramble the words below.
(Answers are on the next page.)

RAUDG   _____

CEERNT   _____

EFTYAS   _____

RCEKIK   _____

ACITKLAB   _____

REEVCRIE   _____

LKLCAFBU   _____

EDNTHITG   _____

IBARCNKLEE   _____

CKORNBCREA   _____

URQTEKAABCR   _____

INSEFEDVE NED   _____

UNGRNIN CKBA   _____

EFEDENVIS CKELTA   _____

VEOSFINFE ACTLKE   _____

Take Your Positions
Word List

CENTER   CORNERBACK

DEFENSIVE END   DEFENSIVE TACKLE

FULLBACK   GUARD

KICKER   LINEBACKER

OFFENSIVE TACKLE   QUARTERBACK

RECEIVER   RUNNING BACK

SAFETY   TAILBACK

TIGHT END

Take Your Positions

```
F N R V S R S Z K E N E Y S M D V U F S S K
H R G E F P D Q J V O U F W X N R C O J O Q
H X Z O O R E J I V Y N L U X E M M C X F M
H H A P S H F G N H Z I V Z K E J V F C F Y
H M Q N F S E C S U G Y I C I V L V A F E X
Y G L B L O N I Z A F O A G U I J D F C N R
Y W M J V C S U I S I B H W F S J C D U S R
O U B I I E I A A R E S G T P N Y R H B I E
S O Q K Q M V F A N K W D Q M E T S I J V T
G T T C T J E V I M X R Z C Z F K D U X E N
Y I Z A B T T L S W A N K K R E C B K L T E
L G D B Y I A L H U N R I C E D A G T M A C
M H Y R P D C X G O G Y C A C O B R A N C O
B T P E I K K X N H B B K B E X L F Q A K V
Z E O T M T L D R O F P E G I S L Y H P L X
P N B R I A E R D F V W R N V U U E K Q E O
B D F A N I K O X U Q G Z I E M F D U D I J
D T F U W L Y Z Z J V T H N R N C K P F J
W U L Q T B T G P I B W S N V P A F C A G Q
G W J P J A Y P H W M T K U I E K W E G X E
D G F L C C W Z Z K C A B R E N R O C E P E
F R M W E K C O L Z R O C T T N E I O W Z R
```

13

Yellow Flags

Please unscramble the words below.
(Answers are on the next page.)

FSDIFSOE

_____

NPGICIPL

_____

AFSKACME

_____

GHONLDI

_____

GEGAITNTR

_____

ELFAS TRSAT

_____

NTERREIECFEN

_____

YEALD FO MAGE

_____

ENSRAOP OLLFU

_____

GONHGIRU RSASEP

_____

IGRNGOUH ICKKRE

_____

KOCLB NI THE KCBA

_____

EILLLAG IOAFRMNTO

_____

SNENACRESUY NOURGHSSE

_____

SIKLMPORNAUTESN CTUCODN

_____

Yellow Flags
Word List

BLOCK IN THE BACK	CLIPPING
DELAY OF GAME	FACEMASK
FALSE START	HOLDING
ILLEGAL FORMATION	INTERFERENCE
OFFSIDES	PERSONAL FOUL
ROUGHING KICKER	ROUGHING PASSER
TARGETING	UNNECESSARY ROUGHNESS
UNSPORTSMANLIKE CONDUCT	

Yellow Flags

```
J R O U G H I N G P A S S E R O X Z K B E Y E T
B R E N X B A C B X P O A M H W A E B K I J C X
T H K N E D B E Z G R E M V U N U Z W W B U F P
V B K E B I V M L P G V A E B T W B O G D L C J
E M C C T Q Z A T F F M O L A O T Q E N H U O M
Y O A E L Z T G T P M A O I Z N S G O P W O X I
P B B S C B L F G G X N L E J A S C S F B F N T
V Q E S Y R H O L Z K I F S A P E X X X K L V N
S V H A A G G Y R K Y L A E E K W R K M T A Z A
Q P T R D K N A X O R L T J I S H L D D T N Q N
L P N Y R K I L G L U E C L K S T N U R F O Q F
K K I R S B T E F F L G N T E W L A X K P S V Q
N S K O K J E D Q I Z A H T J G V W R R B R N B
U A C U V A G I D H M L P I D Z I W P T O E Q W
V M O G Q E R J S S Q F X I N A K G N K S P R Q
B E L H F Y A B T W X O C P L G U N A E W X L R
P C B N V A T R O Z W R J A J O K Q D Y S I E M
B A V E Y O O N Q O K M N U K Z E I K X B V O U
A F L S Z P I R Q U G A D O Q E S U C F E E T E
T Z N S S Z Y H H P X T Y V O F Y W P K H K H M
C C W N V U D H O L D I N G F E Q L L F E I Z Z
V S U M M O R Q L X H O N O V O D O B T J R V L
N S G E D O B C G M I N T E R F E R E N C E N K
A U R C L I P P I N G Y I D B C R T E X B P N T
```

Coaching Positions

Please unscramble the words below.
(Answers are on the next page.)

HGTIT DENS   _____

HEDA CHOAC   _____

SLCAPIE STMEA   _____

EONFSVEIF ILNE   _____

GITODINNICNO   _____

ATAEQKCBSRUR   _____

INEVESDEF NEIL   _____

GNINRNU BKSAC   _____

EDWI RCVSEIREE   _____

EIDFENSEV ASKCB   _____

QLYAUTI NTCORLO   _____

IESNDI KBNLCSRAEEI   _____

NOIFFESVE RODNOAIROTC   _____

EDOSUIT AISBRKLNECE   _____

EFDNVEESI OADTRIORNOC   _____

Coaching Positions
Word List

CONDITIONING

DEFENSIVE BACKS

DEFENSIVE COORDINATOR

DEFENSIVE LINE

HEAD COACH

INSIDE LINEBACKERS

OFFENSIVE COORDINATOR

OFFENSIVELINE

OUTSIDE LINEBACKERS

QUALITY CONTROL

QUARTERBACKS

RUNNING BACKS

SPECIAL TEAMS

TIGHT ENDS

WIDE RECEIVERS

Coaching Positions

```
O F F E N S I V E C O O R D I N A T O R C A A O
T D T G E H C A O C D A E H F F O F R B R L B F
S Q D O C O D E F E N S I V E B A C K S S L A F
R U S B H B Q V C P M B Y A O G P W E R A Q F E
E A V V Y O F S L I U N K K Y M X X E R L U F N
K R V D W B Q C R S S U E B P A V K S P A A L S
C T Z J T G F V T E Q G Q Z K F C H G P G L T I
A E W G W E S N W K V H Q H U A K N A K N I O V
B R U K V J B K K E F I L H B A I R K Q G T O E
E B R U W Z N H C Z F U E E W N C I Y H F Y F L
N A M K J M D E O A V R N C O L K H T Y W C T I
I C N I L P I F S T B I G I E U T E Z N S O K N
L K I W L U Y G T O L G T X S R N T O U V N E E
E S W L G Z G D D E O I N D R D E M T I J T F U
D O B Z R N L N D J D U N I S T B D H Z Y R O P
I R G U C B J I B N Z K V Z N V Z F I W D O E S
S M Z E M H S X O M P K C A J N R H Q W U L Q R
N X F J W T H C K B F A I C Q D U G P F V V M T
I A J T U E W T Z X D V Z N Z P O R G E K E P F
V T L O P N G A A J I J Z S T E M N R K T M Y N
K W O R O T A N I D R O O C E V I S N E F E D A
S M A E T L A I C E P S N M M E T A F Y N V W R
M L X F O X P X U P T T S N M V J G Y V C U N S
R C E N I L E V I S N E F E D U K U G Z S P T Z
```

21

In the NFC

Please unscramble the words below.
(Answers are on the next page.)

SMRA   _____

OILSN   _____

BREAS   _____

ASTNIS   _____

TNSGAI   _____

AESGEL   _____

NNSRIE   _____

ISVKNGI   _____

KECAPRS   _____

SOAFNCL   _____

NSRKSIED   _____

ARTSPEHN   _____

OBCYOSW   _____

SKAESHWA   _____

ANSADIRLC   _____

BCNSUEECRA   _____

In the NFC
Word List

BEARS (Chicago)

BUCCANEERS (Tampa Bay)

CARDINALS (Arizona)

COWBOYS (Dallas)

EAGLES (Philadelphia)

FALCONS (Atlanta)

GIANTS (New York)

LIONS (Detroit)

NINERS (San Francisco – Forty)

PACKERS (Green Bay)

PANTHERS (Carolina)

RAMS (St. Louis)

REDSKINS (Washington)

SAINTS (New Orleans)

SEAHAWKS (Seattle)

VIKINGS (Minnesota)

Only team names in all capital letters are included in the puzzles.

In the NFC

```
            E  W
         G  C  W  K
         G  A  D  C  S
      K  R  V  S  R  C  D  G
   N  D  J  Z  K  O  B  A  Z  N
M  I  A  G  O  W  M  P  F  L  J  I
H  N  N  W  B  B  B  W  A  A  T  K  S  K
S  A  E  E  B  O  B  U  J  N  L  L  N  E  T  I
G  L  W  S  R  Y  K  Y  C  G  T  C  W  N  L  G  W  V
P  S  K  P  Q  S  O  Q  R  C  Q  H  O  P  B  G  A  R  H  X
I  R  H  S  A  P  Y  E  Q  A  W  E  N  S  A  A  P  M  P  L
Y  Y  G  E  C  C  V  Q  N  I  R  S  V  B  E  Y  N  I
M  H  I  A  K  Z  X  E  U  S  J  U  Y  C  R  O
   B  Z  A  H  E  R  E  D  S  K  I  N  S  N
      E  V  N  A  R  R  P  R  B  N  A  S
      A  A  T  W  S  T  N  I  A  S
         R  V  S  K  M  B  S  S
            S  O  O  S  H  M
            Z  L  C  A
            O  R
```

In the AFC

Please unscramble the words below.
(Answers are on the next page.)

SEJT   _____

CLOST   _____

SBLIL   _____

VREANS   _____

FSCEHI   _____

SETXNA   _____

NAITTS   _____

ARSIRDE   _____

AJGRSAU   _____

LGEABSN   _____

WORNSB   _____

TESSELRE   _____

TIPTSROA   _____

SBOCORN   _____

ILPNODHS   _____

GRESACRH   _____

In the AFC
Word List

BENGALS (Cincinnati)   BILLS (Buffalo)

BRONCOS (Denver)   BROWNS (Cleveland)

CHARGERS (San Diego)   CHIEFS (Kansas City)

COLTS (Indianapolis)   DOLPHINS (Miami)

JAGUARS (Jacksonville)   JETS (New York)

PATRIOTS (New England)   RAIDERS (Oakland)

RAVENS (Baltimore)   STEELERS (Pittsburgh)

TEXANS (Houston)   TITANS (Tennessee)

Only team names in all capital letters are included in the puzzles.

In the AFC

```
                                          K V
T Z A R P A T R I O T S H R N V F         R V
I E P V Q A P V S N E V A R L W I         I I
T D                         N X           D B
A V   H B W S T E E L E R S   X Y         K C
N K   H C L S D Y W R I Q N   Y A         N X
S Q   C S           N W   A W             Z Y
P S   H R   B U A D W   F O   L Q         T N
N T   I E   R S K P H   E R   K G         R X
V E   E G   O J   G R   W B   S D         A A
F J   F R   N O   G R   S A   R O         I V
T K   S A   C T       K I   A L           D Z
H J   C H   O T N B N E D Y   U P         E A
V V   X C   S L A G N E B J   G H         R J
K N   P A               A I               S S
N G   J W N L V S J I N K Z H J N         Q H
B P   Q Z D S A X C O L T S F T S         X I
G J                                       W P
H S Q N T E X A N S V W Z M A B X H X M
Z G M T H S L L I B W B M W R I Z M W G
```

ACC College Teams

Please unscramble the words below.
(Answers are on the next page.)

STGIER   _____

KIHESO   _____

EESGLA   _____

ROEANG   _____

HRTSAENP   _____

HSTERELA   _____

EAIACRVLS   _____

FLACWPKO   _____

SLNCRDAIA   _____

FLACWPKO   _____

DISLVUEBLE   _____

LSINESOEM   _____

HRIAURSECN   _____

NHIGTFGI SIIHR   _____

LKAWETLSJEYOC   _____

DESCMEAOONND   _____

ACC College Teams
Word List

BLUE DEVILS (Duke)

CARDINALS (Louisville)

CAVALIERS (Virginia)

DEMON DEACONS (Wake Forest)

EAGLES (Boston College)

FIGHTING IRISH (Notre Dame)

HOKIES (Virginia Tech)

HURRICANES (Miami)

ORANGE (Syracuse)

PANTHERS (Pittsburgh)

SEMINOLES (Florida State)

TAR HEELS (North Carolina)

TIGERS (Clemson)

WOLFPACK (NC State)

YELLOW JACKETS (Georgia Tech)

Only team names in all capital letters are included in the puzzles.

ACC College Teams

```
E E G N A R O C A J N B F R S R E G I T
I W R H X M H T Z B O B X W X H T K R I
H B O S S L J D D W S Z V K V V H Y N G
B L Z L T I C A C X E Y M L R W E Z S K
R U E B F Y R E I L L J T M P L M L X T
S E P V T P X I J W G F Z B L A E F Z Q
E D B C O Y A M G Z A K N O R E T W T A
I E U A B N O C B N E L W X H Z X V L S
K V P Z Z L B K S I J Q R E D C S X R
O I I L I C Z E C G A T A H C S F L Y E
H L O A F S F T S C J T H I B A I A X H
L S Y W Z K Z R K Z J F Z G T O T N Q T
G D E M O N D E A C O N S V I L B I A N
D R M L E X T Q P D X Z S S M F Z D C A
B E I T O S I T Z H Q N C R S X X R S P
Z D S G X N K S E N A C I R R U H A R P
C B C R I S I X K K U I I I K E T C X Q
C S D S L J T M M N E B W S I K R I E S
B Q I I V W N H E E F H R A Y V X M C Y
Z P T G T R K T O S G C A V A L I E R S
```

Big 10 College Teams

Please unscramble the words below.
(Answers are on the next page.)

ADRBSEG   _____

SEOIRSHO   _____

EBESCUKY   _____

NARSPSTA   _____

AKYEWEHS   _____

SLDTICAW   _____

SRANTPRIE   _____

OELWVSREIN   _____

RSHONCSRKEU   _____

NITNNILYOATS   _____

INILGIHLTFGIIN   _____

AEGNTHTCISKLSR   _____

SLOMRIABREEK   _____

SDEGOLOPNEHGR   _____

Big 10 College Teams
Word List

(University of Wisconsin)   BADGERS

(Purdue University)   BOILERMAKERS

(Ohio State)   BUCKEYES

(University of Nebraska)   CORNHUSKERS

(University of Illinois)   FIGHTING ILLINI

(University of Minnesota)   GOLDEN GOPHERS

(University of Iowa)   HAWKEYES

(Indiana University)   HOOSIERS

(Penn State)   NITTANY LIONS

(Rutgers University)   SCARLET KNIGHTS

(Michigan State)   SPARTANS

(University of Maryland)   TERRAPINS

(Northwestern University)   WILDCATS

(University of Michigan)   WOLVERINES

Only team names in all capital letters are included in the puzzles.

Big 10 College Teams

```
E E F C L L Y Z T J Y E B Z F U W O G X C L
C V O D K X T K E S A S U P L L P E Q O P Z
O S V Q R Y U R I E N Q C M B O I Z A M B S
I N B C T Z U P N O E B K S F V H P G I T S
A I A U F G F T I N S M E V A B B P S A S P
R P D S P X A L L V A R Y C V U U K C H A T
P A G O F H Y A L D N O E A O R V D A H A N
D R E P E N O B I V Z P S I I M L G R I D T
C R R L A Q G M G Q W L X L S I Q M L J X G
C E S T L V O O N W J E S C W O Q B E F X S
R T T K I H L S I M H S Q M S X O L T I V R
R I V Y N A D R T B F V S L R P M H K H V E
N V N I H W E E H J G R S P A R T A N S G K
H G T A N K N G Z R U T C D X B W I E N A
Z E R W B E G S I X A T X X H N J L G R K M
H M C E B Y O U F N R W C M R M Y K H B A R
V S K W L E P H Y A H D Q T O P O J T F K E
I S T T X S H N G V A H H E R B V S S U V L
U S L L J K E R I M J V F P T M F E F Z Y I
Y X E W J N R O K C S E N I R E V L O W B O
M A E Z V V S C J B W I J A M X K O R M R B
M G R Y O A M P J I Q C L K B F K B A Y V L
```

37

Pac 12 College Teams

Please unscramble the words below.
(Answers are on the next page.)

STUE

_____

SCUKD

_____

SRBNIU

_____

KUHEISS

_____

JSRTNAO

_____

RVBESAE

_____

ALWDTCSI

_____

UCAGSRO

_____

LRCDIAAN

_____

USN EDILSV

_____

LFEOFUABS

_____

EDLOGN SREBA

_____

Pac 12 College Teams
Word List

(Oregon State)	BEAVERS
(UC Los Angeles)	BRUINS
(University of Colorado)	BUFFALOES
(Stanford University)	CARDINAL
(Washington State)	COUGARS
(University of Oregon)	DUCKS
(UC Berkeley)	GOLDEN BEARS
(Washington)	HUSKIES
(Arizona State)	SUN DEVILS
(University of Southern CA)	TROJANS
(University of Utah)	UTES
(University of Arizona)	WILDCATS

Only team names in all capital letters are included in the puzzles.

Pac 12 College Teams

```
          C S K T K
        H Y U W S S V H
        D H N Z G     K C S
        K K D D O O     V X R
      N S E W B Y L       Z R A
      S V U Z R Q D       C T S G D F G
    D I S O E U G E B Q C G F Q Q E U M L Y
    L S T B R I S N A J O R T Q K S I O S Q R
  S A K A W W N L B C P R H W E F Y K K C D Z
  E G N C Z U S R E R M L A N I D R A C S U W
  B Q E D N Y Q S A A G F Y G Y H L U M U U W
  X S F L U M O G R S E O L A F F U B L K D H
    J P I N L O G S U J U T E S R E V A E B
    M W Y W             W B U W
      S F               G G
```

41

SEC College Teams

Please unscramble the words below.
(Answers are on the next page.)

SIEGGA   _____

ELRBSE   _____

RSATGO   _____

DLCWSTAI   _____

OM ISTREG   _____

AKECSMCGO   _____

ULS SERGTI   _____

ELUNSOEVRT   _____

KABACZORSR   _____

GA BDLOULSG   _____

SEMDOCRMOO   _____

SOCIRMN ETDI   _____

MS UDLBSLOG   _____

ARUBUN IRGTSE   _____

SEC College Teams
Word List

(Texas A&M University)   AGGIES

(University of Georgia)   BULLDOGS

(Mississippi State)   BULLDOGS

(Vanderbilt University)   COMMODORES

(University of Alabama)   CRIMSON TIDE

(University of South Carolina) GAMECOCKS

(University of Florida)   GATORS

(University of Arkansas)   RAZORBACKS

(Ole Miss)   REBELS

(Auburn University)   TIGERS

(Louisiana State)   TIGERS

(University of Missouri)   TIGERS

(University of Tennessee)   VOLUNTEERS

(University of Kentucky)   WILDCATS

Only team names in all capital letters are included in the puzzles.

SEC College Teams

```
A V D F O H U Y T S G O D L L U B S M U
M W U A C O M M O D O R E S I K N K K S
T M X J P Q S M L X A O B K Z L G E U C
M N O X R N K Q I K D W D R Y G D Q V Q
D S R T A R C R A J K O I I H I X D W F
U R J P I E O C A F B A N I T I X R R S
D E D O B G C F S H E A K N E Q U U T X
T G O C H I E E Y Y O A O O V D Z A Q Y
V I P F L Y M R Q S Y S W J Z I Z X N I
A T N V N Z A U S B M Z U G N G R E F S
C U Q O H B G Q B I F R G R W M U N B L
V S N L U V N L R R W M Z K Y P S Z F E
W L Q U B S S C T S K C A B R O Z A R B
I X H N A G A B U L L D O G S E X W P E
L R P T N L I C G P C B P W O E Z K T R
D E E B W N A U F R X G D D T I S A K
C S R E G I T N R U B U A M B E Z G V S
A N G R J O S Q A N A H Y W C D N M G C
T J W S R A Z E X T H X C T G W E Z Q A
S I H S K O N J J Q W W L Z S J X S Y F
```

Last 15 Super Bowl Winning Teams

Please unscramble the words below.
(Answers are on the next page.)

RMSA   _____

LSOCT   _____

ERSAB   _____

NITSSA   _____

IAGTSN   _____

INSENR   _____

IAGTSN   _____

RNSAVE   _____

CPASREK   _____

NBOOSCR   _____

ETRSSELE   _____

PTIOTARS   _____

EDISNSKR   _____

BOWCYOS   _____

SEWAAKHS   _____

ECRASEBNCU   _____

Last 15 Super Bowl Winning Teams
Word List

BEARS	(1986)
BRONCOS	(1999, 1998)
BUCCANEERS	(2003)
COLTS	(2007)
COWBOYS	(1996, 1994, 1993)
GIANTS	(2012, 2008, 1991, 1987)
NINERS	(1995, 1990, 1989)
PACKERS	(2011, 1997)
PATRIOTS	(2015, 2005, 2004, 2002)
RAMS	(2000)
RAVENS	(2013, 2001)
REDSKINS	(1992, 1988)
SAINTS	(2010)
SEAHAWKS	(2014)
STEELERS	(2009, 2006)

Last 15 Super Bowl Winning Teams

```
                    O  S
                    N  E
                 Z  J  A  A
                 P  I  H  V
              S  A  Q  A  N  S
              Y  P  Q  W  B  T
S  R  E  K  C  A  P  O  B  X  K  R  O  F  U  S  R  A  E  B
U  P  U  A  N  Z  X  B  T  U  S  O  I  L  J  Y  V  R  B  D
   U  Q  L  X  S  A  W  Q  Q  C  N  R  R  A  V  E  N  S
      K  G  G  T  X  O  I  H  Y  C  T  C  A  P  Q  U
      Z  W  L  H  C  S  S  C  O  A  P  X  N  L
         I  O  A  N  T  S  B  S  P  N  X  B
         O  W  C  I  E  S  S  T  T  Q  T  E  Y  I
         C  H  K  E  A  M  H  T  N  K  Q  X  E  L
      L  P  S  L  F  A  C  A  D  N  A  F  N  S  R  L
      B  D  E  F  R  D  P        S  I  I  T  I  C  S
   O  E  R  O  V  U  Q           K  A  G  D  N  I  Z
   R  S  W  T  H                 S  I  J  E  A
I  E  H  G                       D  U  R  S  S
I  D                                      G  S
```

AFC STADIUMS

Please unscramble the words below.
(Answers are on the next page.)

RNG _____

ZNHIE _____

SASINN _____

EIELFMT _____

ILEELGTT _____

UNS FIEL _____

MT NABK _____

CULSA LOI _____

EVARBEKN _____

OMUQCAML _____

HRADERWAO _____

APLU BWORN _____

TFIRS EREYGN _____

OCO OMUIESLC _____

LHRPA LWNIOS _____

OPSRTS TRYTHIAUO _____

AFC STADIUMS
Word List

ARROWHEAD (Kansas City)   EVERBANK (Jacksonville)

FIRST ENERGY (Cleveland)   GILLETTE (New England)

HEINZ (Pittsburgh)   LUCAS OIL (Indianapolis)

METLIFE (New York)   MT BANK (Baltimore)

NISSAN (Tennessee)   NRG (Houston)

O.CO COLISEUM (Oakland)   PAUL BROWN (Cincinnati)

QUALCOMM (San Diego)   RALPH WILSON (Buffalo)

SPORTS AUTHORITY (Denver)   SUN LIFE (Miami)

Only stadium names in all capital letters are included in the puzzles.

AFC STADIUMS

```
E X P Q X V Y V O J U Z H K N S V A D Y W V R C
A O Z H Y K H G V U O N I G O X T C Y M S J I X
V K I J S W G G R N M I Q K T L C N W J C E A F
S P T K V P J Y E E U E U O O V J U Y P V F C O
O D L A L A O I Z Q N H T N B Y W C V Y Z I J B
Q B V F J K Z R E T T E L L I G T E T I Q L B O
X K J E K V N N T K F E T Z I S M V J L W N K T
A Q J N A N O C Q S K C F S Y F G H H P F U Y Z
H Y U E W N N T O F A H N A R N E P A E A S J F
I R W A O P W L N X K U S A M I D V S V K U E W
M A O M L I D I G W W A T L S Q F K S S J U K L
S L L F W C X X V H X U Q H X S U E V M B M Z N
B P U E T X O H X V O C O C O L I S E U M I J W
V H X Y P N A M L B O U W G G R C N E M M Q R O
U W K L P B V N M H L U C A S O I L R E G D E R
E I C N I R F Q R G D T E E C T Z T V G B C Z B
S L D B A T M R R M V B P I T F R J Y C U D J L
R S U N G B U M I K M E O W B U K I H Q P W O U
S O V W J D R Y Q R K S R O B Z O W L X V O C A
I N E Z N A X E U L W H V E R H Q Z L C E D M P
O R L P O J H Y V S M M T B A N K Q M K S P M M
K F L A L H C A V E O Z N R F U J D D V R C D V
N L L R H W X Z Y X G P F E O D I F S C I P V V
X C T F N E A V L Y A R R O W H E A D B J X V A
```

NFC STADIUMS

Please unscramble the words below.
(Answers are on the next page.)

TAT   _____

FDOR   _____

SLEIV   _____

EDXFE   _____

DILOSER   _____

FEMLEIT   _____

LAUAEMB   _____

FCT BNKA   _____

RUTYCLEINKN   _____

ARGIOEG OMED   _____

AYNDOMR SMJEA   _____

KABN OF CIAMREA   _____

LCNLONI CFNILAANI   _____

WDREAD ENOJS OEDM   _____

ITYVUIERSN FO IOHXPNE   _____

CEDMSREE NBZE OREUSEDPM   _____

NFC STADIUMS
Word List

ATT (Dallas)   BANK OF AMERICA (Carolina)

CENTURY LINK (Seattle)   EDWARD JONES DOME (St. Louis)

FEDEX (Washington)   FORD (Detroit)

GEORGIA DOME (Atlanta)   LAMBEAU (Green Bay)

LEVIS (San Francisco)   LINCOLN FINANCIAL (Philadelphia)

MERCEDES BENZ SUPERDOME (New Orleans)

METLIFE (New York)   RAYMOND JAMES (Tampa Bay)

SOLDIER (Chicago)   TCF BANK (Minnesota)

UNIVERSITY OF PHOENIX (Arizona)

Only stadium names in all capital letters are included in the puzzles.

NFC STADIUMS

```
T O G E H Z M B T A U Z X H P E Q T W Q I D D F
H Z I U K V P I K D R D O N E M O C Q T A H U E
F H S U A N E Y D D Y D C X V O E F F T R F J D
D R A E L E E R T C H R I J K D N B T Z H E S E
Z C P B M G B S H J E O I E Q R F A F Y M I P X
L A B P Y A S M L C R F P P V E K N A M G X W C
V A J X O C Q T A U M A Z Y A P D K F P R S S I
D U G N G I N H I L V H Y K T U K P W I P U U Y
O T E Z N R F O C P S E M M G S N K Q F C F D N
S F U F X E P H N D L M E D O Z X E Y R F E H R
I N B K N M T Q A E M O D S E N O J D R A W D E
K H B U O A T B N N G D Y K K E D H T K C J G I
K T A A L F Q E I D L A H L G B M J E M I N K D
G U Y W R O Z W F K B I G P O S K R A C N L R L
T H U K N K V R N S F G E Z N E F I L M O G R O
Z U Z J E N O H L W Z R Y X X D R K F D E A O S
W N N S J A N Z O N T O S L Z E U M X U J S Y A
E Z D K M B E U C L I E Y I V C X P I T R P F S
E W O M T F K W N S F G V O V R I Z C M E J H E
B C E G I L P Z I U M U B R H E D L A R T J B W
R A M L L T Y Y L D R C M M S M L Q V W L F X G
A S T R I H G M U E D K W M O V A O I Z P Z T E
P E C K N I L Y R U T N E C J Y C Y L N G M I Y
M O G U N I V E R S I T Y O F P H O E N I X U K
```

HEISMAN TROPHY WINNERS

Please unscramble the words below.
(Answers are on the next page.)

ITHMS   _____

ITHEW   _____

WTBOE   _____

YNDAE   _____

FGIRINF   _____

NGRAIM   _____

WEKENI   _____

MELPRA   _____

IZELAMN   _____

RITLENA   _____

AITOARM   _____

TNOEWN   _____

SINNOTW   _____

UROHCC   _____

AORRDFBD   _____

HEISMAN TROPHY WINNERS
Word List

BRADFORD (Sam)   CROUCH (Eric)

DAYNE (Ron)   GRIFFIN (Robert)

INGRAM (Mark)   LEINART (Matt)

MANZIEL (Johnny)   MARIOTA (Marcus)

NEWTON (Cam)   PALMER (Carson)

SMITH (Troy)   TEBOW (Tim)

WEINKE (Chris)   WHITE (Jason)

WINSTON (Jameis)

Only last name in all capital letters are included in the puzzles.

HEISMAN TROPHY WINNERS

```
            G U
          N V A S
        B K N Z E R
      H D U A T N Z E
    Z A T O N O A C A C
  W Y A O I T L W L N V M
Q N H A Q W M D H O X F O A
Z E T Q C E I N S S A T T F L D
B A K I E N U W H I T E R Y R R N F
H L R B J F B F O P R F M A R I O T A J
B Z E A I S Z O A R T G F N P V T Z A G
  F W G D K K E W I C U D I W T Z Q V
    B V W F I N G R A M Z E R V X F
      I P I O M A N Z I E L Q G K
        V A N R C U O A P K F W
          T L S D R M W I K E
            M M T N X F P I
              S E O P B N
                P R N K
                  T E
```

WALTER PAYTON AWARD WINNERS

Please unscramble the words below.
(Answers are on the next page.)

MROO   _____

IYOVR   _____

SMOSE   _____

YRMEE   _____

RSETOF   _____

OTANSS   _____

HCNBRA   _____

EIKENICH   _____

LEMITHLC   _____

EDSWRDA   _____

MBAPCLEL   _____

RTSEPNEO   _____

WOTEBORKS   _____

ORSRBTONE   _____

PGALOOPOR   _____

WALTER PAYTON AWARD WINNERS
Word List

BRANCH (Jamaal)   CAMPBELL (Lang)

EDWARDS (Armanti)   FOSTER (Jayson)

GAROPPOLO (Jimmy)   HEINICKE (Taylor)

IVORY (Louis)   MEYER (Erik)

MITCHELL (Bo)   MOSES (Jeremy)

PETERSON (Adrian)   ROBERTSON (John)

ROMO (Tony)   SANTOS (Ricky)

WESTBROOK (Brian)

Only last name in all capital letters are included in the puzzles.

WALTER PAYTON AWARD WINNERS

```
                I L
                V X
              R O R V
              Z R X C
            S I Y O T X
            W M C G M T
J U T L L E V G E P R X O E L N X M K W
W W I U L R K E A S E Y Z L O M E Y E R
  U H N E S L C H R T T E M O S E S R
    S G H A Z I I P O B E O B F I E
    H C N D T D N P P R R H E T
    T T F Y P M I V P O S S
    Q I O L G A T R E W O O O L
    T M S L C K X L F H F L K N
  S N O S T R E B O R U C K O Q I
    B F X N A M V     S L K N U T K
  P X K C Q H W       S D R A W D E
  L N P E E           O T R F Q
G X B O                 N B O J
W E                       T F
```

NFL SAFETIES

Please unscramble the words below.
(Answers are on the next page.)

ERDE   _____

UINQ   _____

TLTO   _____

NSEJO   _____

ITSHM   _____

GSPION   _____

THASOM   _____

BEEHTA   _____

JNESKNI   _____

ELDWED   _____

BLTNANO   _____

OOSDWNO   _____

PAMLLAUO   _____

YCRCMOUT   _____

CHCNLAEORL   _____

NFL SAFETIES
Word List

BETHEA (Antoine)

BLANTON (Robert)

CHANCELLOR (Cam)

GIPSON (Tashaun)

JENKINS (Malcolm)

JONES (Reshad)

LOTT (Ronnie)

MCCOURTY (Devin)

POLAMALU (Troy)

QUIN (Glover)

REED (Ed)

SMITH (Harrison)

THOMAS (Earl)

WEDDLE (Eric)

WOODSON (Charles)

Only last names in all capital letters are included in the puzzles.

NFL SAFETIES

```
                  U X
                  X Z
                J C X T
                W N T Z
                O O O J W G
                S L A Z S J
X M C W N T D U E S N I B H T I M S U W
W H S E N O J H L O S M N S N I K N E J
  E G T O R T G S F F H T P U I X Q H
  D W U E E P S R Y T R U O C C M
    D B F I E F D B T H O M A S
    L G V C D L Z U E U Z C
    W H E I W A P R P G Q U I N
    T C H A N C E L L O R D M L
    Y D K S T V C M E C P L O L H A
    S C S O H H N     E N R A X W U
  A K C N Y O C     Z Z Q M E Z W
  Q W A A S         B E A L I
G D D Y             N L V R
S G                 U W
```

69

NFL QUARTERBACKS

Please unscramble the words below.
(Answers are on the next page.)

YRNA   _____

ULKC   _____

REBES   _____

HISTM   _____

VRAFE   _____

ADBRY   _____

IRVSER   _____

OLINSW   _____

CFALOC   _____

RAERNW   _____

NTNOEW   _____

AORTMAI   _____

RRSOEDG   _____

INMAGNNP   _____

AGNENMIN   _____

PECNARIKKE   _____

EBHELGSRORTEIR   _____

NFL QUARTERBACKS
Word List

BRADY (Tom)   BREES (Drew)

MANNING E(li)   FAVRE (Brett)

FLACCCO (Joe)   KAEPERNICK (Colin)

LUCK (Andrew)   MARIOTA (Marcus)

NEWTON (Cam)   MANNING P(eyton)

RIVERS (Philip)   RODGERS (Aaron)

ROETHLISBERGER (Ben)

RYAN (Matt)   SMITH (Alex)

WARNER (Kurt)   WILSON (Russell)

Only last names in all capital letters are included in the puzzles, except for the Manning brothers. The puzzles include their first initials.

NFL QUARTERBACKS

```
D S U K R E I P D M X R G C N O T U R Y V E
U K X O Z T V S A R N G N I N N A M P L C E
R A P J O R P R B C I P S N I C D J B M L L
Y E X X I L I L F C N F A L L C K R V B F S
N P K V L O H Z A T S S S R E G D O R H K E
I E E S T Z E X C O W Q B K F K C E O H F E
C R C A L U E L V A R X F L P H J T V C B R
S N A Y R D K B R K O N W B R R J H O R P B
R I F G Q L X N J W Z H L E C N X L S J Q J
F C H L K X E F S W E Z I Y Q A J I I B N V
E K S T C R D M O X H B K O W W C S Y H D X
J E S S U S I V U C T G N S I B C B Y S E N
U C U M L T U M D J C L W L T R A E F W R M
N G M J H C D G T U S A S R H A F R F V V D
A Y L K Q K M K Y G Y O L X Y D B G F A A B
B C M Z R U E V F A N A C F F Y D E H R F K
T O M Z N J A Z I O B C E D H D Y R L W Q A
X T P H X O E M A N N I N G R A W A N A C H
Q H T O O N T J H T J B M Z D X U R H O W P
G D I O Y R K W A B X M S Q E N O E X R N K
K T V O H L Q I E U R G Y Q V N N O V E G A
N Y Q R D T V V A N S P R V A K W K H P P F
```

NFL TIGHT ENDS

Please unscramble the words below.
(Answers are on the next page.)

RTEZ   _____

SAIDV   _____

ENOLS   _____

LCEKE   _____

GSTEA   _____

EERGN   _____

YEIFNL   _____

ETWITN   _____

LWKEAR   _____

ELFENRE   _____

SAHOMT   _____

HAGARM   _____

TEBENNT   _____

OAZEGLNZ   _____

OOKRSGKNIW   _____

NFL TIGHT ENDS
Word List

BENNETT (Martellus)   CELEK (Brent)

DAVIS (Vernon)   ERTZ (Zach)

FINLEY (Jermichael)   FLEENER (Coby)

GATES (Antonio)   GONZALEZ (Tony)

GRAHAM (Jimmy)   GREEN (Ladarius)

GRONKOWSKI (Rob)   OLSEN (Greg)

THOMAS (Julius)   WALKER (Delanie)

WITTEN (Jason)

Only last names in all capital letters are included in the puzzles.

NFL TIGHT ENDS

```
            I  A  R
         P  D  L  P  T  X  N  U  O
      U  D  L  H  J  O  T  T  K  Q  D  Y  B
   Y  Q  Q  P  N  F  C  Y  T  K  G  A  Z  W  R  I  V
   X  Z  P  Z  I  X  E  C  Z  L  V  Q  I  A  F  C  E
   O  K  G  U  N  V  S  L  F  J  I  Q  W  I  I  T  P  J  C
   C  Z  F  V  V  W  G  E  Q  S  U  T  Q  W  F  K  E  A  K
S  S  X  L  W  P  Z  R  K  V  G  C  F  I  N  L  E  Y  S  S  T
K  W  R  E  E  C  H  A  S  Z  Q  O  T  A  G  M  S  X  F  R  M
   M  N  E  E  R  G  S  H  W  H  E  T  M  H  U  I  F  Y  P  P  G
C  H  K  C  N  M  E  T  A  B  E  E  L  Y  O  G  K  V  K  R  L  G  L
H  Z  T  R  E  P  H  V  M  J  N  X  V  A  U  R  H  H  L  M  E  L  D
L  E  P  O  R  O  Q  W  P  K  P  E  R  V  Z  O  N  B  F  G  Q  B  Y
   C  I  N  M  L  R  E  Q  Q  P  P  T  T  E  N  N  E  B  A  T  R
   V  H  A  I  A  P  L  F  P  N  Q  L  O  W  K  O  S  E  T  N  B
   Z  S  H  V  A  N  E  A  R  W  C  P  L  I  O  F  G  V  E  W  T
      F  U  A  U  O  B  M  E  B  T  E  S  L  W  W  K  G  S  K
      M  Y  P  T  L  Z  E  K  N  F  O  E  Z  S  W  L  T  J  J
         B  D  V  T  C  U  L  Q  Y  R  N  Q  K  U  W  E  C
         R  D  E  R  Y  D  A  G  V  I  O  K  I  F  V  Z  P
            U  R  U  B  W  K  J  H  T  Z  J  G  T
               Z  H  N  Y  K  E  N  B  U
                  Q  L  A
```

NFL LINEBACKERS

Please unscramble the words below.
(Answers are on the next page.)

MIHTS　　　　_____

KPSEIS　　　_____

LLIWIS　　　　_____

TBCOSI　　　_____

FROEST　　　_____

LYMSEO　　　_____

SNDBAY　　　_____

NWEAGR　　　_____

SLLNCOI　　　_____

BNDAROL　　_____

NCALMCI　　_____

EKCLHUY　　_____

RKSNDIKEC　_____

GWOEHRHIT　_____

RIUNLSAITAI　_____

NFL LINEBACKERS
Word List

BORLAND (Chris)   BOSTIC (Jon)

COLLINS (Jamie)   DANSBY (Karlos)

FOSTER (Mason)   HIGHTOWER (Dont'a)

KENDRICKS (Mychal)   KUECHLY (Luke)

LAURINAITIS (James)   MCCLAIN (Rolando)

MOSLEY (CJ)   SMITH (Daryl)

SPIKES (Brandon)   WAGNER (Bobby)

WILLIS (Patrick)

Only last names in all capital letters are included in the puzzles.

NFL LINEBACKERS

```
        F  D  R                              J  T  S
     E  N  V  T  V  B                     M  A  P  G  B  D
  M  Y  R  R  E  E  V  A  W            F  T  R  E  T  S  O  F  H
  Y  O  I  B  Q  M  G  A  J            A  O  B  L  L  Y  R  R  G
  O  M  S  P  J  P  G  O  Y  D      K  E  S  W  C  T  O  L  J  F
  Q  J  G  L  V  N  P  S  U  M      Y  E  Y  S  M  E  T  A  G  C
  J  T  E  E  E  N  A  J  S  X  Y      U  U  N  M  L  M  I  M  N  L  U
     Z  W  R  L  Y  A  I  B  S  I  T  B  S  F  C  G  G  M  V  D  L  Z
     C  H  Y  I  H  T  I  M  S  T  R  I  R  C  O  D  P  L  Y  B
        Z  S  I  T  I  A  N  I  R  U  A  L  V  Z  S
        E  O  V  X  W  A  O  Z  A
        B  Z  J  C  M  C  I  H  H  J  I  B  C
        C  A  E  D  Y  B  S  N  A  D  D  N  M  U  I
     A  W  C  P  F  I  C  R  U  G  M  O  X  I  W  Q  C  T  T
     Y  H  F  X  H  S  K  E  B  D  Z  Z  O  N  E  S  I  L  O  S  V
     S  Y  A  W  N  V  W  A  W  T  P  S  S  R  V  L  I  L  R  T  O
  O  U  G  V  I  L  O  T  Y  Q  Z  S  K  S  P  I  K  E  S  L  B  U  B
  L  S  K  L  O  T  C  L  P      T  Z  C      Z  E  G  K  P  B  I  A  B
  R  S  L  I  H  G  H  C  G      K  G  I      C  J  M  J  W  E  S  S  L
  L  O  R  G  C  C  D  U         V  I  R      Q  H  R  W  H  T  S  X
  C  X  I  Y  E  W  N            X  L  D      X  M  S  R  J  H  S
     H  P  U  U  H               E  M  N      R  K  E  X  R
        K  L  U                  L  P  E      Z  I  L
                                 F  T  K
                                 H  Z  U
```

81

NFL WIDE RECEIVERS

Please unscramble the words below.
(Answers are on the next page.)

BBCO
_____

OWBE
_____

ESOJN
_____

NEEGR
_____

ANWEY
_____

LMCIAN
_____

ONLESN
_____

RBATNY
_____

NOBRW
_____

LWREEK
_____

TSMAHO
_____

OSOTNCL
_____

NOSNOJH
_____

LMRALHAS
_____

DONAMAEL
_____

FEALIRTGZD
_____

NFL WIDE RECEIVERS
Word List

AMENDOLA (Danny)	BOWE (Dwayne)
BROWN (Antonio)	BRYANT (Dez)
COBB (Randall)	COLSTON (Marques)
FITZGERALD (Larry)	GREEN (AJ)
JOHNSON (Calvin)	JONES (Julio)
MACLIN (Jeremy)	MARSHALL (Brandon)
NELSON (Jordy)	THOMAS (Demaryius)
WAYNE (Reggie)	WELKER (Wes)

Only last names in all capital letters are included in the puzzles.

NFL WIDE RECEIVERS

```
C W D O N K O S Q O O T L N V K T V C Z
L R P G T K N M D O M H T J S K X O Q T
E D H K T O S G M J H Y E P P E P B U B
G P F I Q C N I R A A N Z V C M L I N D
N E X A E S E W P W T Q N U T A S O W S
N E R A Y A L K K Q W H N X P R T L E K
E W O B Y M S I I Y W V L S A S U O L X
D F O Z B O O F E H W D E C L H S C K H
Y S K P K H N I B B H G R O B A L O E D
S M I P T T Q N S S R J C U C L C B R L
R R Y T O Y P Z I O O M I X R L Q B P A
W B S E U A K Q O H V H A D U G R P T R
N O R P B L X M N D F J S P H Y C Y Y E
Z F T O V O V S Z J X M Y R A E E W N G
B N Y F W D O L J U W O X N X U A H A Z
Z M I P F N O K Q U F A T L T L I A V T
Y A Z L O E R X U W G O Y R G Y V S T I
M O D R C M V D K P X C J N J V K K Y F
N P N H G A T X O O J B G V E S E N O J
N E E R G Z M D Y H X T T B J G G Z D Q
```

NFL RUNNING BACKS

Please unscramble the words below.
(Answers are on the next page.)

EGOR   _____

LYCA   _____

LBLE   _____

LILH   _____

EHDY   _____

EOFTR   _____

LHNCY   _____

CMYCO   _____

NAGIRM   _____

RURAMY   _____

STOFRTE   _____

RSCALHE   _____

PSNRTOEE   _____

ENRSOAND   _____

ETNONLGIL   _____

NFL RUNNING BACKS
Word List

ANDERSON (CJ)   BELL (LeVeon)

CHARLES (Jamaal)   ELLINGTON (Andre)

FORSETT (Justin)   FORTE (Matt)

GORE (Frank)   HILL (Jeremy)

HYDE (Carlos)   INGRAM (Mark)

LACY (Eddie)   LYNCH (Marshawn)

MCCOY (LeSean)   MURRAY (DeMarco)

Peterson (Adrian)

Only last names in all capital letters are included in the puzzles.

NFL RUNNING BACKS

```
        H I
        Y H
      C D V G
      H I L L
    H G U D D W
    I L K B Y T
  R F K A H P H V
  Q S R H Q K E E
T S T C G G B Z O R
B N N W O U W S G V
  I K Y O N Y C A L N V I
  N L H S T P D X W U B U
I Q L R I N G R A M W E V F
X T L F A L E N I C U F Z Q
Q G U Z G D S O A I J X O G J E
E M Q O G U S E Z Z L C R C O J
A C Z U U B R O T L Q R L T U Z R O
F N E F R E S J U P R X W E J R E E
T Y O D H T R C G F X R A K U T V S P J
H Y K R E P C A Z Z S M F H Y F D T O H
B L L K P S R E D Y H U C C E C I X Y Y B I
W F L G R G E S J H H D K U C S C R W Y H T
V O C E Z Q O K T O H Z E T G Q O W H B H N F B
Z G D B Q B F H F T N Z T B L L R Y R H Z R O J
```

NFL DEFENSIVE ENDS

Please unscramble the words below.
(Answers are on the next page.)

OCX _____

TATW _____

SECYA _____

ITSHM _____

ANAGT _____

LITGEU _____

IESDALN _____

HAHECRT _____

RGNJNAEI _____

YHDRAEW _____

MLALBPCE _____

SEROWNKIL _____

NFL DEFENSIVE ENDS
Word List

CAMPBELL (Calais)   COX (Fletcher)

CASEY (Jurrell)   DANIELS (Mike)

HATCHER (Jason)   HEYWARD (Cameron)

JERNIGAN (Timmy)   NGATA (Haloti)

LIUGET (Corey)   SMITH (Justin)

WATT (JJ)   WILKERSON (Muhammad)

Only last names in all capital letters are included in the puzzles.

NFL DEFENSIVE ENDS

```
            F   I
          T   K   R   F
        F   O   N   L   H   G
        K   C   T   K   A   M   W   H
      R   C   Q   F   P   C   G   F   B   G
      N   G   A   T   A   Z   S   X   I   F   D   A
      B   X   L   W   W   E   W   I   R   Z   N   Q   J   J
    O   O   S   L   I   A   R   I   B   I   E   Q   R   Q   P   F
  T   C   J   E   I   L   T   Q   H   H   A   T   C   H   E   R   D   O
K   Y   Y   K   U   U   K   T   O   U   T   W   S   E   X   J   J   L   V   D
L   R   M   H   K   G   E   R   Z   V   H   L   K   Z   E   U   L   B   R   H
  C   S   U   S   E   R   R   X   Y   E   S   A   C   Y   E   P   A   W
    V   R   I   T   S   Y   J   I   N   V   E   X   B   A   W   Q
      G   J   S   O   D   N   C   J   Q   F   P   N   Y   C
        N   M   N   A   R   H   B   R   M   W   E   I
          P   D   R   J   T   P   A   Y   H   H
            T   O   H   I   C   Y   I   Y
              Y   W   M   B   K   G
                B   S   T   Z
                  P   U
```

NFL CORNERBACKS

Please unscramble the words below.
(Answers are on the next page.)

EIVRS   _____

DVSIA   _____

SIMHT   _____

AILTB   _____

DHANE   _____

HMSIT   _____

ASHRRI   _____

RDHSEO   _____

CNAJOSK   _____

RTERTVE   _____

ARNTTUF   _____

ORENPSET   _____

AYADRWH   _____

EARMSNH   _____

CRNISAKCD   _____

NFL CORNERBACKS
Word List

DAVIS (Vontae)   HADEN (Joe)

HARRIS (Chris Jr.)   HAYWARD (Casey)

JACKSON (Kareem)   PETERSON (Patrick)

REVIS (Darrelle)   RHODES (Xavier)

SCANDRICK (Orlando)   SHERMAN (Richard)

SMITH (Jimmy)   SMITH (Sean)

TALIB (Aqib)   TRUFANT (Desmond)

VERRETT (Jason)

Only last names in all capital letters are included in the puzzles. First initials of Jimmy Smith and Sean Smith are included in the word search puzzle.

NFL CORNERBACKS

```
                                                F R
G K J T R A U V S U X S I V A D    W N
I Y X N S C A N D R I C K P Q Y V  V X
U D                         J Y    T A
N I   Z W R B P Z E P Y T W   S U  N V
O U   C B G Y L L Q D J H D   M V  A T
S B   I U           R Y   I I      F N
R P   P A   C J F V U   E H   T L  U V
E X   Q F   H M S V C   V A   H N  R X
T L   T C   K E   N F   I Y   X A  T G
E P   O H   T J   X Q   S W   O Z  A T
P X   I G   U W       B A   S E    W T
B S   O U   C Q T A L I B R   S P  R E
N I   M O   L D D Q V N M D   M A  H R
O R   J G                 I B      O R
W R   O J A C K S O N P K T L T X  D E
K A   H A D E N T I W E I P C H Z  E V
A H                               S A
T U B U A C E Q T D N A M R E H S A S W
J W J R A M Y G N O U I C R K Y G Q I E
```

NFL LEFT TACKLES

Please unscramble the words below.
(Answers are on the next page.)

EPNN   _____

SMHTI   _____

NWBRO   _____

ALNWE   _____

ESALYT   _____

PSTREE   _____

BYEATT   _____

TBERLA   _____

OAMHST   _____

MAILILSW   _____

MHBECAU   _____

ELREDHVE   _____

MDASERTA   _____

NTOSOZAC   _____

RTHHTWIOW   _____

NFL LEFT TACKLES
Word List

ALBERT (Branden)   ARMSTEAD (Terron)

BEACHUM (Kelvin)   BEATTY (William)

BROWN (Duane)   CASTONZO (Anthony)

LEWAN (Taylor)   PENN (Donald)

PETERS (Jason)   SMITH (Tyron)

STALEY (Joe)   THOMAS (Joe)

VELDHEER (Jared)   WHITWORTH (Andrew)

WILLIAMS (Trent)

Only last names in all capital letters are included in the puzzles.

NFL LEFT TACKLES

```
            P H E O E
            K P W F J J L X
          F Z I H S     S V R
        N E L T I P       A Y Y
      B W L H G T F         I N V
      W I O B Z W O       A T Z G D G D
    T A M R E J O H P F Z W F X Y L R A N P
    M A O P A M R C E Q E Y Y P S O E B L N S
  S S W J R T A T O N L Z E E A T T E S C A B
  P N Q V Y T C H J N P L T G H S T H U Z W N
  X W C Q B Y M U H C A E B W M V R D J T R W
  O Z N O T S A C W T R C Q R X F E L W E L J
  S M I T H Q S S V L A M T H B E A E S
    J V V A               O L V P
    P W                   A U
```

101

NFL GUARDS

Please unscramble the words below.
(Answers are on the next page.)

LOGN   _____

AGNL   _____

EBNOO   _____

IIUPTA   _____

NAYAD   _____

RCOEG   _____

INOTTS   _____

LNIRDE   _____

AMHTSI   _____

TRNMAI   _____

KROSOB   _____

ZIELETR   _____

IOOBTIN   _____

KINNLRAF   _____

SOEELEM   _____

NFL GUARDS
Word List

BITONIO (Joel)   BOONE (Alex)

BROOKS (Brandon)   FRANKLIN (Orlando)

GRECO (John)   IUPATI (Mike)

LANG (TJ)   LINDER (Brandon)

LONG (Kyle)   MARTIN (Zack)

MATHIS (Evan)   OSEMELE (Kelechi)

SITTON (Josh)   YANDA (Marshal)

ZEITLER (Kevin)

Only last names in all capital letters are included in the puzzles.

NFL GUARDS

```
            Q  S
            Q  C
         U  H  N  Y
         U  I  L  G
      B  C  Q  R  F  V
      O  Y  E  C  V  Q
G  N  O  L  N  H  W  G  C  Z  X  I  D  V  E  V  N  T  V  L
G  T  K  A  I  V  O  O  E  S  V  N  O  T  T  I  S  Z  X  Q
   A  G  N  I  J  A  I  N  I  L  K  N  A  R  F  Y  E  Q
      I  U  P  A  T  I  G  I  U  E  N  O  O  B  L  O
         B  I  L  L  R  A  D  N  A  Y  B  Q  E  I
            E  C  S  L  F  O  B  A  K  U  M  N
            R  Q  K  A  S  I  H  T  A  M  E  O  Z  F
            I  A  N  I  N  Z  U  V  E  S  T  M  U  Y
         C  B  G  L  I  N  D  E  R  O  I  K  M  P  G  G
         N  Z  A  T  N  V  B        B  A  V  O  M  L  A
      T  Z  V  R  T  N  E           M  H  Q  O  M  I  U
      Z  S  A  I  D                 Y  R  R  J  B
L  C  M  M                          D  B  J  U
W  G                                Z  I
```

105

NFL CENTERS

Please unscramble the words below.
(Answers are on the next page.)

ACMK   _____

TWTA   _____

LKCEE   _____

GURNE   _____

ISHEYPL   _____

ELYNSIL   _____

GELOKIR   _____

SOUHND   _____

AUILLSNV   _____

NUPEOCY   _____

NGAODML   _____

RIEEDFKRC   _____

ENDPEUEALT   _____

MTENGROYOM   _____

HTLSEGEIRCNTIE   _____

NFL CENTERS
Word List

DELAPUENTE (Brian)

FREDERICK (Travis)

HUDSON (Rodney)

KELCE (Jason)

KILGORE (Daniel)

LICHTENSTEIGER (Kory)

LINSLEY (Corey)

MACK (Alex)

MANGOLD (Nick)

MONTGOMERY (Will)

POUNCEY (Maurkice)

SHIPLEY (AQ)

SULLIVAN (John)

UNGER (Max)

WATT (Chris)

Only last names in all capital letters are included in the puzzles.

NFL CENTERS

```
D C K W M Y T M O L V H K K B P Y N O L
U W V M X N O S D U H M C W G E U A I Z
A Z B P S T J Q P R A A P S L Z C V E Z
H U Y R V I S V K N M F K S E S M I S M
Z P G O C G T M G J H J N F X R U L A B
J P E D Z E Y O Y G Z I R R M T F L L C
U P K R N J L E E R L R E D F H W U E V
C G S J G D C G T J Z Y G V B G R S Q V
J J B W C N O O I Q S H I P L E Y E L C
T J G X U M O N T G O M E R Y L L V O I
P O Y O A H Z E T I E B T U F F W B O A
D N P W F B F N T T A W S I L E I X T N
A T N O K W Z R N O O N N K E H K P U A
P O V E X M J E E C Z Z E N H C L X D O
C E L M V R U A R D K L T N H D X D R W
H C R V F P W X O N E V H B Y C U J E X
E V N N A X T E G B N R C X T T Z B G F
S Z Q L Z E S H L C G X I M F K L N N D
K V E S Z I C O I B G O L C K F R D U I
A D B A J E U K K H S Q A M K U T R P C
```

NFL KICKERS

Please unscramble the words below.
(Answers are on the next page.)

AOGN   _____

IYABEL   _____

TBRHA   _____

REKAYP   _____

RATRPE   _____

BWORN   _____

RNBYTA   _____

UCTEKR   _____

AMURYR   _____

IHSSUAM   _____

LOKCBLU   _____

VNREIIAIT   _____

CNATPREER   _____

OATZRACNA   _____

KSOTIKWOSG _____

NFL KICKERS
Word List

BAILEY (Dan)   BARTH (Connor)

BROWN (Josh)   BRYANT (Matt)

BULLOCK (Randy)   CARPENTER (Dan)

CATANZARO (Chandler)   GANO (Graham)

GOSTKOWSKI (Stephen)   MURRAY (Patrick)

PARKEY (Cody)   PRATER (Matt)

SUISHAM (Shaun)   TUCKER (Justin)

VINATIERI (Adam)

Only last names in all capital letters are included in the puzzles.

NFL KICKERS

```
              I  B
           T  A  R  B
           A  R  X  O  E  A
           G  T  S  X  W  D  I  I
        T  H  A  X  J  N  K  V  T  L
        U  L  G  Z  R  D  W  O  W  G  A  E
     C  A  T  A  N  Z  A  R  O  G  U  V  N  Y
     K  B  L  H  R  E  T  A  R  P  O  C  R  G  I  J
  E  B  O  U  E  T  K  A  S  U  I  S  H  A  M  B  V  B
R  H  K  N  R  L  T  W  H  L  O  W  T  R  I  O  Z  S  A  Y
W  J  L  A  Y  E  L  C  V  N  Q  H  K  D  N  S  I  K  A  F
  A  T  K  G  V  T  O  J  N  N  R  O  T  N  A  Y  R  B
     W  F  R  A  J  N  C  N  B  T  W  B  C  T  R  G
        V  V  T  N  C  E  K  Z  D  S  I  T  U  O
        L  Z  I  O  T  P  F  R  K  I  M  I
           K  G  O  Y  V  R  T  I  L  O
           D  Y  E  K  R  A  P  R
              P  F  M  D  O  C
              N  I  X  Y
              P  P
```

HALL OF FAME CORNERBACKS

Please unscramble the words below.
(Answers are on the next page.)

AENL   _____

NREGE   _____

LABUEE   _____

ANSYEH   _____

RELHIW   _____

RULEBT   _____

WORNB   _____

NBEARY   _____

NTLBOU   _____

SHTMAO   _____

EDARSNS   _____

LIAISLMW   _____

OSNOHJN   _____

DERYLEDA   _____

OOOWDSN   _____

HALL OF FAME CORNERBACKS
Word List

ADDERLEY (Herb)   BARNEY (Lem)

BLOUNT (Mel)   BROWN (Willie)

BUTLER (Jack)   GREEN (Darrell)

HAYNES (Mike)   JOHNSON (Jimmy)

LANE (Dick)   LEBEAU (Dick)

SANDERS (Deion)   THOMAS (Emmitt)

WEHRLI (Roger)   WILLIAMS (Aeneas)

WOODSON (Rod)

Only last names in all capital letters are included in the puzzles.

HALL OF FAME CORNERBACKS

```
            Q N
            B E
          E J N Z
          N G A O
        O M M L R P
        X W N O E T
V H M W W W U S R F P L H U D H I E M L
J F B X F F S A M W Z T O M N F F A P I
  O E R O K L E E A V U M Y M S G Q B
  H N G B G H N B I B A E Q W B A
  N O K R T K Y E L S K U E R
    S L H O N K A L L R C N
    A I O F P W U N H J I E O Y
    K Z F N S E N O E A Y W D T
  J V C X A D D E R L E Y N I N L
  W O O D S O N       G B R M A M A
M R K H E C G         T P G X G V S
  C I S J U             N U A S L
L M C M                 R I R A
E X                       V Y
```

117

HALL OF FAME LINEBACKERS

Please unscramble the words below.
(Answers are on the next page.)

MHA _____

UASE _____

ITTEPTP _____

WXIOCL _____

ALORYT _____

ASTHOM _____

SOKROB _____

KUBSTU _____

AROCSN _____

JNKSCOA _____

LMTBREA _____

INOSONRB _____

KRNDIHECS _____

NETARGLYSI _____

HALL OF FAME LINEBACKERS
Word List

BROOKS (Derrick)   BUTKUS (Dick)

CARSON (Harry)   HAM (Jack)

HENDRICKS (Ted)   JACKSON (Rickey)

LAMBERT (Jack)   ROBINSON (Dave)

SEAU (Junior)   SINGLETARY (Mike)

TAYLOR (Lawrence)   THOMAS (Derrick)

TIPPETT (Andre)   WILCOX (Dave)

Only last names in all capital letters are included in the puzzles.

HALL OF FAME LINEBACKERS

```
        T T N Q K
      L T R E B M A L
      X J E L E     Y S N
    T Z K C B Q       R T O
    B A C K Z T G       A S S
    U Y U B J H X     D T D K U H F
  G T L M X U O O B O Y C V H E H C P S B
  Z K O P A C M T I P P E T T F L Q A W A Z
K P U R E L W A N K N D X P Z X M G P J T A
F B S S I U Z S M Z X P J Z D K T Z N Z I X
H C V W T J P N O S R A C S K O O R B I U B
X I T R P N O S N I B O R X K P V U F K S K
H E N D R I C K S O O G P Z I O W X C B
  A H X E               Q C Q C
  M W                   P Q
```

HALL OF FAME RUNNING BACKS

Please unscramble the words below.
(Answers are on the next page.)

LAUFK   _____

LLENA   _____

HMTIS   _____

TEBSTI   _____

IRRHAS   _____

MNRITA   _____

YATNOP   _____

GGRSNII   _____

SNDAESR   _____

SOMHTA   _____

STDEORT   _____

EMCLABPL   _____

SRKOCEDNI   _____

HALL OF FAME RUNNING BACKS
Word List

ALLEN (Marcus)   BETTIS (Jerome)

CAMPBELL (Earl)   DICKERSON (Eric)

DORSETT (Tony)   FAULK (Marshall)

HARRIS (Franco)   MARTIN (Curtis)

PAYTON (Walter)   RIGGINS (John)

SANDERS (Barry)   SMITH (Emmitt)

THOMAS (Thurman)

Only last names in all capital letters are included in the puzzles.

HALL OF FAME RUNNING BACKS

```
S L J Z Q F T U C P L C        P N U H A O
T       Y K A S P U V            U L T F
O       U L Q R I L D W            L E
B       M X Q Y K I S P     X N     W X
G       U D A H T X I H       R R     L F
Y E J P U F W L K H Q T H T R H R Y G D P G C D
K F C U N S A L L E N T Z R Y Z Q I C K N F O G Z S
Z S L Q H T A U V E I E V H Y N T A R L J A A O E E
W O H P A L G S L A B B Y J W F U A P Z X R X Y U N
P D E X R G G B V K D P U F S Z V D D D X Q T H H H
O P O X R Z K J B H M P M A R I G G I N S R A N T
D I A R I T I F G O S H N A Z P Y F R C X T H C I
H B A Y S M E R K M K D U I C D B J K J K H C A B
T B M S T E F N E F E X G H T I M S F A H E P L V F
L H R J J O T S X R O C Y O U R H L P N H B R S X F Z
U V O C B Z N T S F K I A W L A A D G G Y E H S P J U G
D I Z M H H G S E S W N H L A R B M X P X F K L O B F Q U
      A A R J F   N N P K U   R G T B O   H A W Q N
        X S M       G U O       C T K       X Z B
```

HALL OF FAME GUARDS

Please unscramble the words below.
(Answers are on the next page.)

WHSA   _____

KCMA   _____

LTTEIL   _____

LELAN   _____

GMRIM   _____

DSSILEH   _____

SHWPAU   _____

NNHAHA   _____

IALCDNME   _____

AKMUNCH   _____

TSEHTWAM   _____

EEELIEUADLMRL   _____

HALL OF FAME GUARDS
Word List

ALLEN (Larry)

DELAMIELLEURE (Joe)

GRIMM (Russ)

HANNAH (John)

LITTLE (Larry)

MACK (Tom)

MATTHEWS (Bruce)

MCDANIEL (Randall)

MUNCHAK (Mike)

SHAW (Billy)

SHIELDS (Will)

UPSHAW (Gene)

Only last names in all capital letters are included in the puzzles.

HALL OF FAME GUARDS

```
        O O A G N U M E N
      T B N M G B V B E U R O Q
    Q G Q K U B E F M L S C R C T Y Z
      Y U D U N T C J H G W W J R O W E U O
    M D P X C J E R U E L L E I M A L E D M Z
  L A N H H H B C N S P B P H G U I M U G S P K
W A H S A X M C D A N I E L T U Y X G S B A L P U
X L Z K E S U S S W M Q I Y T D F Z R L I F Z P O
  F X A W F X W E N N A G Y A H S R I K X X S H
    Y Y U E U Z L Q E D C G M A M D M C S H Q
      E L T T I L B N L N K C N O M M L A L
    Q S H I E L D S L D J N A R P W P
      S H W U W N N A C A O U U
        Q H J T O M S H A
```

129

HALL OF FAME OFFENSIVE TACKLES

Please unscramble the words below.
(Answers are on the next page.)

RYYA   _____

OAFR   _____

SLELH   _____

OJSNE   _____

ALTESR   _____

EOGND   _____

NUMZO   _____

NOWBR   _____

RHGITW   _____

DFRDERIO   _____

NMRZMEAIM   _____

HALL OF FAME OFFENSIVE TACKLES
Word List

BROWN (Bob)   DIERDORF (Dan)

JONES (Walter)   MUNOZ (Anthony)

OGDEN (Jonathan)   ROAF (Willie)

SHELL (Art)   SLATER (Jackie)

WRIGHT (Rayfield)   YARY (Ron)

ZIMMERMAN (Gary)

Only last names in all capital letters are included in the puzzles.

HALL OF FAME OFFENSIVE TACKLES

```
J H C D V X X V I
R G Q G V W Y T Q B B H O
V U S L L E H S F Q G R F D I A H
E I W B C U R R M G R O T J N Z D N Z
F Y N G R V L E U E R W O H T C N P I R O
Q A P M P Q O T N X Y N B B D A D Z M C B A A
P U O W Z M B A O S J A T H G I R W M E S B U X N
R A R T X M L Z F F O R N S L F W E L B E B V H F
I G F Q S X D S V K Y U K B F R M I A N D D R
N U W M K G U G T B O B I M I O G D O J Y
W T B W Y O G D E N M A I C R R P J M
J L M A K L I N E N O I H A D H J
R Z V D P H U T B Z W A Y
Z B N E G T Q Y L
```

HALL OF FAME CENTERS

Please unscramble the words below.
(Answers are on the next page.)

HINE _____

OTOT _____

GSIKAT _____

OGNIR _____

RGNLAE _____

TRERNU _____

WAOSDN _____

TARFTON _____

ETWBSRE _____

NRKDAEBI _____

LINFFOGTHE _____

NOSSENTPEH _____

CHWWICZIOCEJO _____

HALL OF FAME CENTERS
Word List

BEDNARIK (Chuck)   DAWSON (Dermontti)

GATSKI (Frank)   HEIN (Mel)

LANGER (Jim)   OTTO (Jim)

RINGO (Jim)   STEPHENSON (Dwight)

TINGELHOFF (Mick)   TRAFTON (George)

TURNER (Bulldog)   WEBSTER (Mike)

WOJCIECHOWICZ (Alex)

Only last names in all capital letters are included in the puzzles.

HALL OF FAME CENTERS

```
                                              V  E
R  F  Q  A  Y  N  R  O  Q  E  O  M  I  F  Q  G  I     N  T
Y  K  S  Y  K  I  R  A  N  D  E  B  Z  H  C  T  S     H  I
T  L                                   I  Q        Y  Y
J  Q     S  P  V  S  Q  R  C  I  L  V  X     N  L     V  H
O  R     T  I  K  S  T  A  G  V  V  U  N     G  A     U  W
Y  L     E  N                 V  I        E  N     R  L
X  F     P  O     A  F  T  A  G     E  E     L  G     E  M
G  J     H  S     L  L  B  Y  S     K  H     H  E     G  U
Q  W     E  W     J  I     Z  O     E  G     O  R     O  N
G  W     N  A     Z  T     U  N     Z  X     F  W     M  O
G  O     S  D     F  L              J  X     F  R     U  T
I  L     O  D     Q  K  Z  E  H  H  R  L     I  P     N  F
S  R     N  E     L  N  T  U  R  N  E  R     D  Q     I  A
Q  A     S  H                          H  E        T  R
F  N     W  E  B  S  T  E  R  N  H  U  J  U  T  S     O  T
G  J     S  D  X  F  F  O  N  N  F  S  Q  T  V  T     H  I
G  D                                            D  X
Y  O  G  N  I  R  D  W  O  J  C  I  E  C  H  O  W  I  C  Z
O  Y  J  J  M  Y  S  H  B  E  N  O  T  T  O  H  U  O  G  G
```

HALL OF FAME WIDE RECEIVERS

Please unscramble the words below.
(Answers are on the next page.)

CIER   _____

DEER   _____

IVRNI   _____

EYAHS   _____

NMKO   _____

NIJERO   _____

NASWN   _____

ACTRER   _____

ORNWB   _____

TOLFON   _____

NERLTGA   _____

SHRLLTOTWA _____

HALL OF FAME WIDE RECEIVERS
Word List

BROWN (Tim)   CARTER (Cris)

HAYES (Bob)   IRVIN (Michael)

JOINER (Charlie)   LARGENT (Steve)

LOFTON (James)   MONK (Art)

REED (Andre)   RICE (Jerry)

STALLWORTH (John)   SWANN (Lynn)

Only last names in all capital letters are included in the puzzles.

HALL OF FAME WIDE RECEIVERS

```
            D E
          O D B C
        S H F T O I
      C K A K E H B R
    O P D N A F G J A Y
  Q E C O W O B R K G R Q
  K O H M B J U T H T O V U X
P G M W B O L U R F E W Z S J C
X N S V T I V Z H T R O W L L A T S
M Y Y G U N C M B E S D L L Y M I R L P
O T V J E B T A L W O K Z J J U R L W W
  Y N R M H Z W R R J Z D V N O V X A
  U E F O N D R T B R O W N N I X
    G G J Q X V H E L R T A H N
      H R G S V A F R S H W F
      K A Y Z Y X D E P S
        K L E E Q E B X
        Y R S B E G
          I D R R
          K I
```

HALL OF FAME QUARTERBACKS

Please unscramble the words below.
(Answers are on the next page.)

YLLKE   _____

ARSTR   _____

TUOSF   _____

GSIERE   _____

OMNO   _____

YLEWA   _____

ATINUS   _____

YUOGN   _____

MAKIAN   _____

RMINAO   _____

ATNMAH   _____

NNAOTAM   _____

TSUBCAHA   _____

AHARDSBW   _____

OTKNRAETN   _____

HALL OF FAME QUARTERBACKS
Word List

AIKMAN (Troy)

BRADSHAW (Terry)

ELWAY (John)

FOUTS (Dan)

GRIESE (Bob)

KELLY (Jim)

MARINO (Dan)

MONTANA (Joe)

MOON (Warren)

NAMATH (Joe)

STARR (Bart)

STAUBACH (Roger)

TARKENTON (Fran)

UNITAS (Johnny)

YOUNG (Steve)

Only last names in all capital letters are included in the puzzles.

HALL OF FAME QUARTERBACKS

```
        H E H K V                      G E J N J
        P N U X A N L               T I Q P A Q S
        D X A W O Z K M O         E Q U L I B I Z O
      N Z G B J E Y D T P R       Q G K B O A U K I Q A
      G J N T H D N Z Z H J H     D Z N Z U I H W M R Q J
    D Z P Z N C G X W F C V M Y O M B E W T C B A Q E D
    K Y O U N G W G O A G P L V W L Y Y U A Y H N G L C
    Q G F Y Y N S U B F H L S X K O A N Y F N C A E W I
    C X X S W A T U T T E S I H P X I F U O H N J G A D
    L P C O L S A T W K D E D O G T E B Y M A K H G Y K
    L F L T M T D T A Q O O P A A D E M E T Z D V S S B
      N Q P S V L T Y R E Q E S R P S L N P X T P J J
      Y C A W L U I H P K F X J J B K O Q D A P Y B D
      X R U H T A M A N E W I X B M H Y Q N S C J
        B F F K X S H Z B N F I U E S E I R G K
        Q Y G S U J W D E T V B F K Q Q D T
          N O O M O X Z D Y O A O L T W I
          J R J F R V G A G N U N Y U
          D M A K D C H I X Z Q Q
          I M N I D R R A T S
            F P I A Q D R R
            X M Z L Y V
            Q F T Z
            A P
```

HALL OF FAME DEFENSIVE ENDS

Please unscramble the words below.
(Answers are on the next page.)

RODF _____

NTDE _____

ANED _____

GNLO _____

LEREL _____

ASVID _____

EALYH _____

EOJSN _____

ISNATK _____

HBTAEE _____

IWTHE _____

AANTSHR _____

LDOOOUNGBY _____

HALL OF FAME DEFENSIVE ENDS
Word List

ATKINS (Doug)

BETHEA (Elvin)

DAVIS (Willie)

DEAN (Fred)

DENT (Richard)

ELLER (Carl)

FORD (Len)

HALEY (Charles)

JONES (Deacon)

LONG (Howie)

STRAHAN (Michael)

WHITE (Reggie)

YOUNGBLOOD (Jack)

Only last names in all capital letters are included in the puzzles.

HALL OF FAME DEFENSIVE ENDS

```
Z  Y  S  J                              P  H  L  J
V  I  O  N  D                        Y  Z  S  K  T
M  O  W  H  I  H                  G  E  T  I  H  W
K  Q  I  H  X  K  S               K  D  A  V  I  S  A
   X  U  B  S  H  T  W         I  O  B  W  K  P  T
      K  D  Z  S  R  A  M      F  O  T  N  O  V  U
         F  D  V  T  T  A  X  F  X  S  Y  L  A  R
            P  S  I  D  G  U  B  D  E  A  N  E
               Y  E  W  O  V  E  L  X  O  L
               W  N  V  O  A  Z  L  L
               G  A  O  H  L  L  E  C
               N  O  P  H  J  J  B  M  A  Z
            O  A  E  H  T  E  B  C  G  T  F  E
         L  E  K  N  A  H  A  R  T  S  N  Z  O  P
      L  E  R  F  U  R  O     X  I  E  U  B  R  R
   A  I  U  X  W  G  U        O  D  S  O  E  D  H
K  M  M  Y  E  G  J           Z  X  J  Y  V  T  O
U  D  X  Y  Y  G              C  E  Q  I  O  C
K  F  F  X  U                    U  U  V  Y  W
N  I  U  H                       Q  W  V  H
```

ANSWERS TO
WORD SEARCHES

In the Game

```
              B X F
          Z E Y Z W X E E F
        U T B N O G U L I Q V O R
      E K R N R T I S M Z S S A P D T X
      M H H L O P J T P E Q H W T B A G U T
    M D O G C G Y R U K A P O C D Q L N N Z O
    L A O G D L E I F J H D T K X O P O H H W
  V Q S A C K     E R Q N T     T I C M U Y
    B Y R W N R   E X U E I     S U E K I T
  X D J E W N N U Q U U P I D W Q A O U I U S Q Q E
  U M C T E N O I T P E C R E T N I Z Y L O C R C U
  Q G Q R J N W O D T S R I F K O K J Q H A N U U Q
S D Y L A K J G M R I A K Q J J H S V X T Z Z N Z L T
G O O M U Y X K F G D S P C G A D R V C L J S D Y Q B
X G L E Q E S M K O Q O K O K S V R H B O A S Y C T L
  N U R Y   E D M C A L X Y T L A N E P T   S S Q J
  H Q H T   W K T I A R M E L K C A T     C V R N
  P B X Z B   U W R K S H M X H V Q     I W P M R
  W F M U N               C C N E R
  R G C U G U             A X B U L T
  E G R Z V S V X T I C F K A X H W S F M H
  J K I X V B F S Q J K B P Z C P O Z M I D
    P Z O H W Z U T O U C H D O W N C E Z
    J Q K Z K S M Q L I T V X W T R A
      U U L C Y B B W K M N Z J
        Z J Z G L B F K V
          W A E
```

Take Your Positions

```
F N R V S R S Z K E N E Y S M D V U F S S K
H R G E F P D Q J V O U F W X N R C O J O Q
H X Z O O R E J I V Y N L U X E M M C X F M
H H A P S H F G N H Z I V Z K E J V F C F Y
H M Q N F S E C S U G Y I C I V L V A F E X
Y G L B L O N I Z A F O A G U I J D F C N R
Y W M J V C S U I S I B H W F S J C D U S R
O U B I I E I A A R E S G T P N Y R H B I E
S O Q K Q M V F A N K W D Q M E T S I J V T
G T T C T J E V I M X R Z C Z F K D U X E N
Y I Z A B T T L S W A N K K R E C B K L T E
L G D B Y I A L H U N R I C E D A G T M A C
M H Y R P D C X G O G Y C A C O B R A N C O
B T P E I K K X N H B B K B E X L F Q A K V
Z E O T M T L D R O F P E G I S L Y H P L X
P N B R I A E R D F V W R N V U U E K Q E O
B D F A N I K O X U Q G Z I E M F D U D I J
D T F U W L Y Z Z J V T H N R N N C K P F J
W U L Q T B T G P I B W S N V P A F C A G Q
G W J P J A Y P H W M T K U I E K W E G X E
D G F L C C W Z Z K C A B R E N R O C E P E
F R M W E K C O L Z R O C T T N E I O W Z R
```

Yellow Flags

```
J R O U G H I N G P A S S E R O X Z K B E Y E T
B R E N X B A C B X P O A M H W A E B K I J C X
T H K N E D B E Z G R E M V U N U Z W W B U F P
V B K E B I V M L P G V A E B T W B O G D L C J
E M C C T Q Z A T F F M O L A O T Q E N H U O M
Y O A E L Z T G T P M A O I Z N S G O P W O X I
P B B S C B L F G G X N L E J A S C S F B F N T
V Q E S Y R H O L Z K I F S A P E X X X K L V N
S V H A A G G Y R K Y L A E E K W R K M T A Z A
Q P T R D K N A X O R L T J I S H L D D T N Q N
L P N Y R K I L G L U E C L K S T N U R F O Q F
K K I R S B T E F F L G N T E W L A X K P S V Q
N S K O K J E D Q I Z A H T J G V W R R B R N B
U A C U V A G I D H M L P I D Z I W P T O E Q W
V M O G Q E R J S S Q F X I N A K G N K S P R Q
B E L H F Y A B T W X O C P L G U N A E W X L R
P C B N V A T R O Z W R J A J O K Q D Y S I E M
B A V E Y O O N Q O K M N U K Z E I K X B V O U
A F L S Z P I R Q U G A D O Q E S U C F E E T E
T Z N S S Z Y H H P X T Y V O F Y W P K H K H M
C C W N V U D H O L D I N G F E Q L L F E I Z Z
V S U M M O R Q L X H O N O V O D O B T J R V L
N S G E D O B C G M I N T E R F E R E N C E N K
A U R C L I P P I N G Y I D B C R T E X B P N T
```

153

Coaching Positions

```
O F F E N S I V E C O O R D I N A T O R C A A O
T D T G E H C A O C D A E H F F O F R B R L B F
S Q D O C O D E F E N S I V E B A C K S S L A F
R U S B H B Q V C P M B Y A O G P W E R A Q F E
E A V V Y O F S L I U N K K Y M X X E R L U F N
K R V D W B Q C R S S U E B P A V K S P A A L S
C T Z J T G F V T E Q G Q Z K F C H G P G L T I
A E W G W E S N W K V H Q H U A K N A K N I O V
B R U K V J B K K E F I L H B A I R K Q G T O E
E B R U W Z N H C Z F U E E W N C I Y H F Y F L
N A M K J M D E O A V R N C O L K H T Y W C T I
I C N I L P I F S T B I G I E U T E Z N S O K N
L K I W L U Y G T O L G T X S R N T O U V N E E
E S W L G Z G D D E O I N D R D E M T I J T F U
D O B Z R N L N D J D U N I S T B D H Z Y R O P
I R G U C B J I B N Z K V Z N V Z F I W D O E S
S M Z E M H S X O M P K C A J N R H Q W U L Q R
N X F J W T H C K B F A I C Q D U G P F V V M T
I A J T U E W T Z X D V Z N Z P O R G E K E P F
V T L O P N G A A J I J Z S T E M N R K T M Y N
K W O R O T A N I D R O O C E V I S N E F E D A
S M A E T L A I C E P S N M M E T A F Y N V W R
M L X F O X P X U P T T S N M V J G Y V C U N S
R C E N I L E V I S N E F E D U K U G Z S P T Z
```

In the NFC

In the AFC

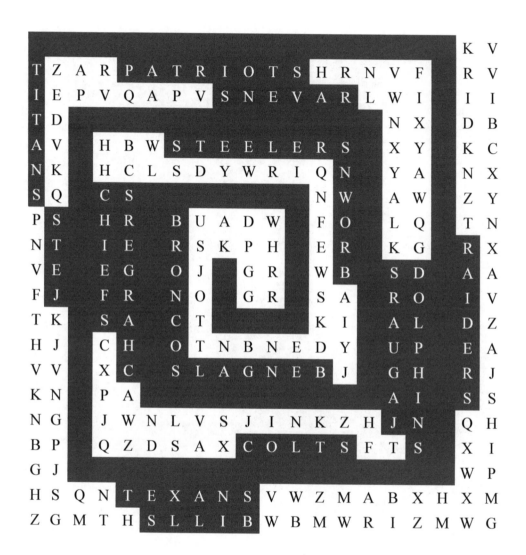

ACC Teams

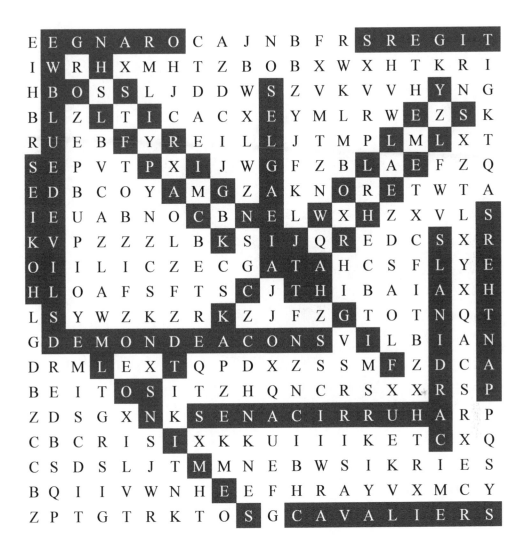

In the Big 10

```
E E F C L L Y Z T J Y E B Z F U W O G X C L
C V O D K X T K E S A S U P L L P E Q O P Z
O S V Q R Y U R I E N Q C M B O I Z A M B S
I N B C T Z U P N O E B K S F V H P G I T S
A I A U F G F T I N S M E V A B B P S A S P
R P D S P X A L L V A R Y C V U U K C H A T
P A G O F H Y A L D N O E A O R V D A H A N
D R E P E N O B I V Z P S I I M L G R I D T
C R R L A Q G M G Q W L X L S I Q M L J X G
C E S T L V O O N W J E S C W O Q B E F X S
R T T K I H L S I M H S Q M S X O L T I V R
R I V Y N A D R T B F V S L R P M H K H V E
N V N I H W E E H J G R S P A R T A N S G K
H G T A N K N K G Z R U T C D X B W I E N A
Z E R W B E G S I X A T X X H N J L G R K M
H M C E B Y O U F N R W C M R M Y K H B A R
V S K W L E P H Y A H D Q T O P O J T F K E
I S T T X S H N G V A H E R B V S S U V L
U S L L J K E R I M J V F P T M F E F Z Y I
Y X E W J N R O K C S E N I R E V L O W B O
M A E Z V V S C J B W I J A M X K O R M R B
M G R Y O A M P J I Q C L K B F K B A Y V L
```

In the PAC 12

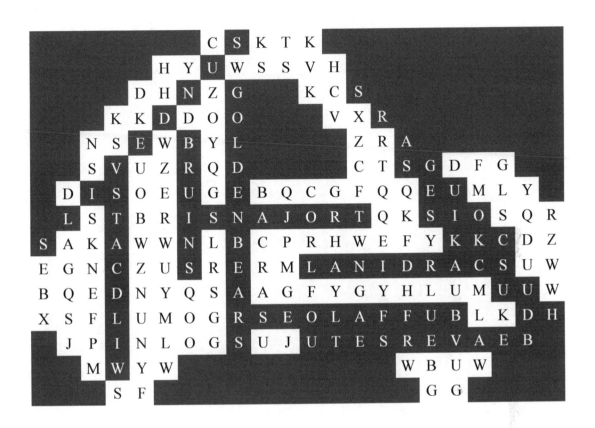

SEC Teams

```
A V D F O H U Y T S G O D L L U B S M U
M W U A C O M M O D O R E S I K N K K S
T M X J P Q S M L X A O B K Z L G E U C
M N O X R N K Q I K D W D R Y G D Q V Q
D S R T A R C R A J K O I I H I X D W F
U R J P I E O C A F B A N I T I X R R S
D E D O B G C F S H E A K N E Q U U T X
T G O C H I E E Y Y O A O O V D Z A Q Y
V I P F L Y M R Q S Y S W J Z I Z X N I
A T N V N Z A U S B M Z U G N G R E F S
C U Q O H B G Q B I F R G R W M U N B L
V S N L U V N L R R W M Z K Y P S Z F E
W L Q U B S S C T S K C A B R O Z A R B
I X H N A G A B U L L D O G S E X W P E
L R P T N L I C G P C B P W O E Z K T R
D E E E B W N A U F R X G D D T I S A K
C S R E G I T N R U B U A M B E Z G V S
A N G R J O S Q A N A H Y W C D N M G C
T J W S R A Z E X T H X C T G W E Z Q A
S I H S K O N J J Q W W L Z S J X S Y F
```

Last 15 Super Bowl Winning Teams

AFC Stadiums

```
E X P Q X V Y V O J U Z H K N S V A D Y W V R C
A O Z H Y K H G V U O N I G O X T C Y M S J I X
V K I J S W G G R N M I Q K T L C N W J C E A F
S P T K V P J Y E E U E U O O V J U Y P V F C O
O D L A L A O I Z Q N H T N B Y W C V Y Z I J B
Q B V F J K Z R E T T E L L I G T E T I Q L B O
X K J E K V N N T K F E T Z I S M V L W N K T
A Q J N A N O C Q S K C F S Y F G H H P F U Y Z
H Y U E W N N T O F A H N A R N E P A E A S J F
I R W A O P W L N X K U S A M I D V S V K U E W
M A O M L I D I G W W A T L S Q F K S S J U K L
S L L F W C X X V H X U Q H X S U E V M B M Z N
B P U E T X O H X V O C O C O L I S E U M I J W
V H X Y P N A M L B O U W G G R C N E M M Q R O
U W K L P B V N M H L U C A S O I L R E G D E R
E I C N I R F Q R G D T E E C T Z T V G B C Z B
S L D B A T M R R M V B P I T F R J Y C U D J L
R S U N G B U M I K M E O W B U K I H Q P W O U
S O V W J D R Y Q R K S R O B Z O W L X V O C A
I N E Z N A X E U L W H V E R H Q Z L C E D M P
O R L P O J H Y V S M M T B A N K Q M K S P M M
K F L A L H C A V E O Z N R F U J D D V R C D V
N L L R H W X Z Y X G P F E O D I F S C I P V V
X C T F N E A V L Y A R R O W H E A D B J X V A
```

NFC Stadiums

```
T O G E H Z M B T A U Z X H P E Q T W Q I D D F
H Z I U K V P I K D R D O N E M O C Q T A H U E
F H S U A N E Y D D Y D C X V O E F F T R F J D
D R A E L E E R T C H R I J K D N B T Z H E S E
Z C P B M G B S H J E O I E Q R F A F Y M I P X
L A B P Y A S M L C R F P P V E K N A M G X W C
V A J X O C Q T A U M A Z Y A P D K F P R S S I
D U G N G I N H I L V H Y K T U K P W I P U U Y
O T E Z N R F O C P S E M M G S N K Q F C F D N
S F U F X E P H N D L M E D O Z X E Y R F E H R
I N B K N M T Q A E M O D S E N O J D R A W D E
K H B U O A T B N N G D Y K K E D H T K C J G I
K T A A L F Q E I D L A H L G B M J E M I N K D
G U Y W R O Z W F K B I G P O S K R A C N L R L
T H U K N K V R N S F G E Z N E F I L M O G R O
Z U Z J E N O H L W Z R Y X X D R K F D E A O S
W N N S J A N Z O N T O S L Z E U M X U J S Y A
E Z D K M B E U C L I E Y I V C X P I T R P F S
E W O M T F K W N S F G V O V R I Z C M E J H E
B C E G I L P Z I U M U B R H E D L A R T J B W
R A M L L T Y Y L D R C M M S M L Q V W L F X G
A S T R I H G M U E D K W M O V A O I Z P Z T E
P E C K N I L Y R U T N E C J Y C Y L N G M I Y
M O G U N I V E R S I T Y O F P H O E N I X U K
```

163

Heisman Trophy Winners

Walter Payton Award Winners

NFL Safeties

NFL Quarterbacks

```
D  S  U  K  R  E  I  P  D  M  X  R  G  C  N  O  T  U  R  Y  V  E
U  K  X  O  Z  T  V  S  A  R  N  G  N  I  N  N  A  M  P  L  C  E
R  A  P  J  O  R  P  R  B  C  I  P  S  N  I  C  D  J  B  M  L  L
Y  E  X  X  I  L  I  L  F  C  N  F  A  L  L  C  K  R  V  B  F  S
N  P  K  V  L  O  H  Z  A  T  S  S  S  R  E  G  D  O  R  H  K  E
I  E  E  S  T  Z  E  X  C  O  W  Q  B  K  F  K  C  E  O  H  F  E
C  R  C  A  L  U  E  L  V  A  R  X  F  L  P  H  J  T  V  C  B  R
S  N  A  Y  R  D  K  B  R  K  O  N  W  B  R  R  J  H  O  R  P  B
R  I  F  G  Q  L  X  N  J  W  Z  H  L  E  C  N  X  L  S  J  Q  J
F  C  H  L  K  X  E  F  S  W  E  Z  I  Y  Q  A  J  I  I  B  N  V
E  K  S  T  C  R  D  M  O  X  H  B  K  O  W  W  C  S  Y  H  D  X
J  E  S  S  U  S  I  V  U  C  T  G  N  S  I  B  C  B  Y  E  N
U  C  U  M  L  T  U  M  D  J  C  L  W  L  T  R  A  E  F  W  R  M
N  G  M  J  H  C  D  G  T  U  S  A  S  R  H  A  F  R  F  V  V  D
A  Y  L  K  Q  K  M  K  Y  G  Y  O  L  X  Y  D  B  G  F  A  A  B
B  C  M  Z  R  U  E  V  F  A  N  A  C  F  F  Y  D  E  H  R  F  K
T  O  M  Z  N  J  A  Z  I  O  B  C  E  D  H  D  Y  R  L  W  Q  A
X  T  P  H  X  O  E  M  A  N  N  I  N  G  R  A  W  A  N  A  C  H
Q  H  T  O  O  N  T  J  H  T  J  B  M  Z  D  X  U  R  H  O  W  P
G  D  I  O  Y  R  K  W  A  B  X  M  S  Q  E  N  O  E  X  R  N  K
K  T  V  O  H  L  Q  I  E  U  R  G  Y  Q  V  N  N  O  V  E  G  A
N  Y  Q  R  D  T  V  V  A  N  S  P  R  V  A  K  W  K  H  P  P  F
```

NFL Tight Ends

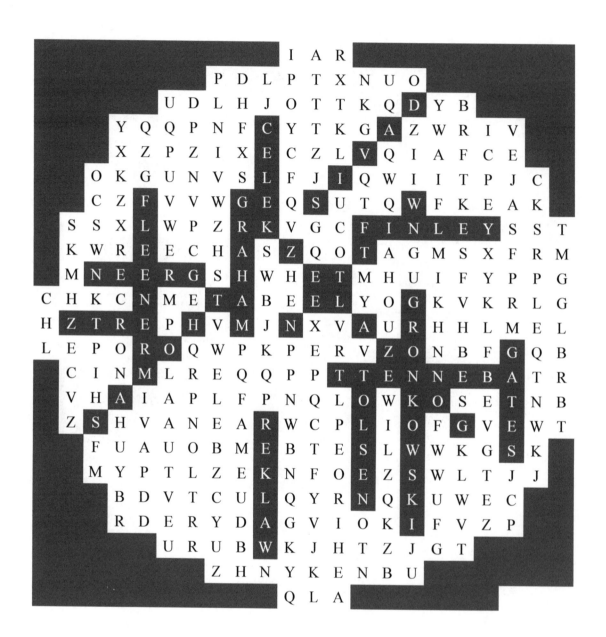

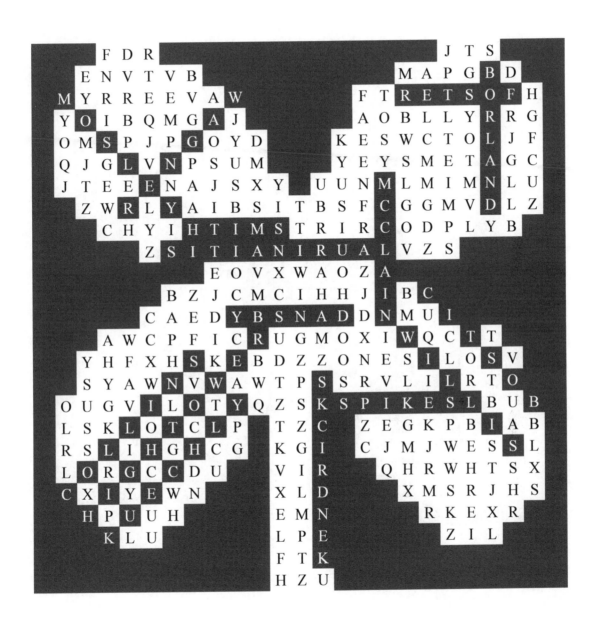

NFL Wide Receivers

```
C W D O N K O S Q O O T L N V K T V C Z
L R P G T K N M D O M H T J S K X O Q T
E D H K T O S G M J H Y E P P E P B U B
G P F I Q C N I R A A N Z V C M L I N D
N E X A E S E W P W T Q N U T A S O W S
N E R A Y A L K K Q W H N X P R T L E K
E W O B Y M S I I Y W V L S A S U O L X
D F O Z B O O F E H W D E C L H S C K H
Y S K P K H N I B B H G R O B A L O E D
S M I P T T Q N S S R J C U C L C B R L
R R Y T O Y P Z I O O M I X R L Q B P A
W B S E U A K Q O H V H A D U G R P T R
N O R P B L X M N D F J S P H Y C Y Y E
Z F T O V O V S Z J X M Y R A E E W N G
B N Y F W D O L J U W O X N X U A H A Z
Z M I P F N O K Q U F A T L T L I A V T
Y A Z L O E R X U W G O Y R G Y V S T I
M O D R C M V D K P X C J N J V K K Y F
N P N H G A T X O O J B G V E S E N O J
N E E R G Z M D Y H X T T B J G G Z D Q
```

170

NFL Defensive Ends

NFL Cornerbacks

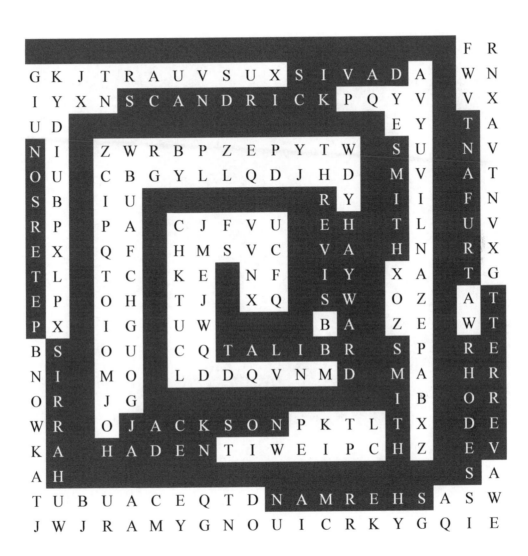

NFL Left Tackles

NFL Guards

NFL Centers

D	C	K	W	M	Y	T	M	O	L	V	H	K	K	B	P	Y	N	O	L
U	W	V	M	X	N	O	S	D	U	H	M	C	W	G	E	U	A	I	Z
A	Z	B	P	S	T	J	Q	P	R	A	A	P	S	L	Z	C	V	E	Z
H	U	Y	R	V	I	S	V	K	N	M	F	K	S	E	S	M	I	S	M
Z	P	G	O	C	G	T	M	G	J	H	J	N	F	X	R	U	L	A	B
J	P	E	D	Z	E	Y	O	Y	G	Z	I	R	R	M	T	F	L	L	C
U	P	K	R	N	J	L	E	E	R	L	R	E	D	F	H	W	U	E	V
C	G	S	J	G	D	C	G	T	J	Z	Y	G	V	B	G	R	S	Q	V
J	J	B	W	C	N	O	O	I	Q	S	H	I	P	L	E	Y	E	L	C
T	J	G	X	U	M	O	N	T	G	O	M	E	R	Y	L	L	V	O	I
P	O	Y	O	A	H	Z	E	T	I	E	B	T	U	F	F	W	B	O	A
D	N	P	W	F	B	F	N	T	T	A	W	S	I	L	E	I	X	T	N
A	T	N	O	K	W	Z	R	N	O	O	N	N	K	E	H	K	P	U	A
P	O	V	E	X	M	J	E	E	C	Z	Z	E	N	H	C	L	X	D	O
C	E	L	M	V	R	U	A	R	D	K	L	T	N	H	D	X	D	R	W
H	C	R	V	F	P	W	X	O	N	E	V	H	B	Y	C	U	J	E	X
E	V	N	N	A	X	T	E	G	B	N	R	C	X	T	T	Z	B	G	F
S	Z	Q	L	Z	E	S	H	L	C	G	X	I	M	F	K	L	N	N	D
K	V	E	S	Z	I	C	O	I	B	G	O	L	C	K	F	R	D	U	I
A	D	B	A	J	E	U	K	K	H	S	Q	A	M	K	U	T	R	P	C

Hall of Fame Cornerbacks

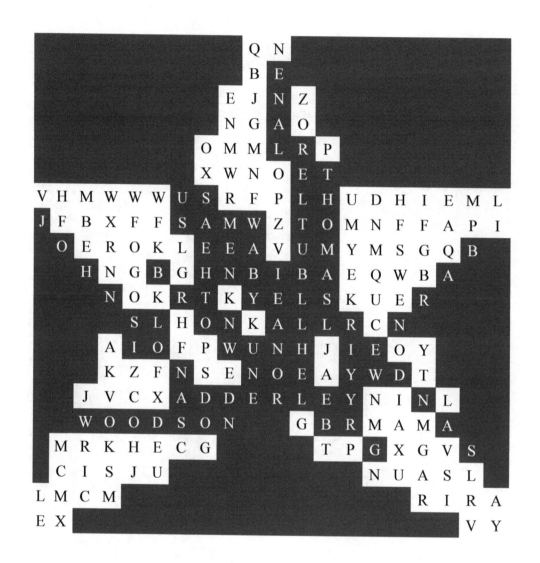

Hall of Fame Linebackers

Hall of Fame Running Backs

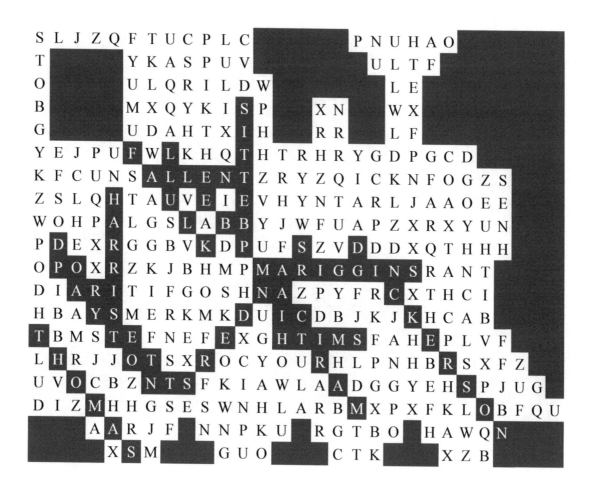

Hall of Fame Guards

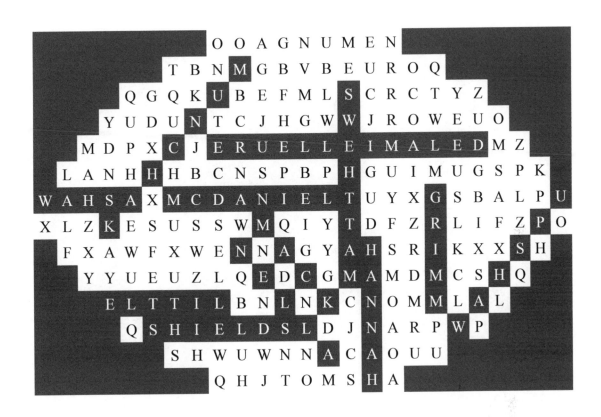

Hall of Fame Offensive Tackles

Hall of Fame Centers

Hall of Fame Wide Receivers

Hall of Fame Quarterbacks

Hall of Fame Defensive Ends

Made in the USA
San Bernardino, CA
14 December 2016